信仰的力量

——红岩英烈纪实

厉 华◎著

2011年·北京

图书在版编目(CIP)数据

信仰的力量——红岩英烈纪实/厉华著.—北京：商务印书馆，2011
ISBN 978-7-100-08404-8

Ⅰ.①信… Ⅱ.①厉… Ⅲ.①革命烈士—列传—中国 Ⅳ.①K820.6

中国版本图书馆CIP数据核字(2011)第111363号

信仰的力量
——红岩英烈纪实
厉华 著

商务印书馆出版
(北京王府井大街36号 邮政编码100710)
商务印书馆发行
北京瑞古冠中印刷厂印刷
ISBN 978-7-100-08404-8

2011年6月第1版 开本700×1000 1/16
2011年6月北京第1次印刷 印张12
定价：30.00元

目 录

第一讲

《红岩》作者的别样人生

——红色作家罗广斌

一部小说《红岩》，让江姐、许云峰等人的名字成为几代中国人的珍贵记忆，也让歌乐山、渣滓洞、白公馆成为山城重庆的地标。这部经典小说的作者之一，就是罗广斌。罗广斌的家族曾富甲一方，他的哥哥曾官居国民党兵团司令、陆军中将，但罗广斌却坚定地站到了国民党政权的对立面。因叛徒出卖，他被捕入狱，备受摧残。“11·27”大屠杀中，他凭借自己的智慧与胆识，带领难友集体越狱。这才有了后来打动了无数读者灵魂的奇书《红岩》。

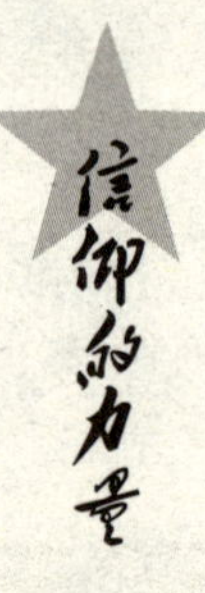

提起重庆，很多人自然而然地就想到红岩，想到渣滓洞和白公馆。

这很大程度上得益于上个世纪风靡全国的一部革命历史题材长篇小说《红岩》。

1961年，曾经在国民党渣滓洞、白公馆监狱关押而后成功越狱脱险的共产党员罗广斌和曾经在渣滓洞监狱关押而后被营救出狱的革命志士杨益言，以亲眼所见的革命烈士们狱中斗争的真实事迹为蓝本，满怀对遇难战友刻骨铭心的怀念，创作了长篇小说《红岩》。鲜为人知的重庆歌乐山、白公馆、渣滓洞开始为广大读者所熟悉，许云峰、江姐、成岗等一大批革命志士也成为许多人心目中的革命偶像。

迄今为止，小说《红岩》发行量已超过1000万册，并以其深刻的革命世界观、人生观、生死观教育，成为载入当代文学史册的红色经典。红岩，也因此成为重庆这座历史文化名城的一个重要标志。

渣滓洞、白公馆每年要接待来自国内外的游客600多万人次，许多人到这里喜欢问：小说《红岩》中所描写的许云峰、江姐、成岗、刘思扬、“疯老头”华子良和双枪老太婆是真有其人吗？

小说《红岩》封面

我在渣滓洞、白公馆连续工作了26年，一直从事烈士事迹和文物档案的研究、开发，每一件文物、每一张照片、每一个历史事件都在不断地感染我，我也在不断被感染的过程中寻求烈士们的思想和人生轨迹。我曾经写过一本《〈红

渣滓洞场景再现

岩〉小说与中美合作所军统集中营》，书中的文学艺术形象可以和历史中的真实人物一一对应，所以，我要说，《红岩》中的英雄人物不但有真实的生活原型，而且描写的事件也有真实的文献资料基础。

在狱中，他们坚贞不屈、临危不惧，面对死亡大义凛然，绝不透露党的半点机密，绝不玷污党的荣誉。他们的身上，体现着一种信仰的力量。在今天看来，这尤其值得我们继承和发扬。

这种信仰不是与生俱来的，他们从小就经受中华民族优秀传统文化的熏陶，具有圣贤情怀和精英意识，内忧外患的时代激发了他们的爱国主义情怀，在探索救国救民真理的道路上，逐渐形成了共产主义信仰。

白公馆

这种信仰，使他们把个人价值与社会价值的实现紧紧地结合在一起，从而产生了一种神圣的使命感。这种使命感支撑着他们去追求自己的信仰、捍卫自己的信仰，乃至于献出自己的热血和生命也在所不惜。

作为亲历者、见证者，小说《红岩》的作者之一罗广斌就是这样一个典型的人物。正是这种信仰的力量，支撑着他背叛家庭，参加革命，激励着他面对监禁绝不投降；也正是这种信仰的力量，使他死里逃生、虎口脱险之后，毅然拿起笔来，整理、记录狱中斗争的情形，保留了弥足珍贵的党史文献资料，并以此为基础，创作了小说《红岩》，还原了艰苦卓绝的狱中斗争，留下了一大批可歌可泣的英雄形象。

这一讲，我就向大家讲述红岩历史上的脱险志士罗广斌的传奇人生。

★在反抗封建家庭专制中觉醒

当年渣滓洞、白公馆监狱关押的革命者中，有的是富裕家庭出身的青年，他们在成长过程中，受共产党的影响、教育，最终选择了革命。罗广斌，就是这样。

罗广斌

1924年，罗广斌出生于四川成都一个封建地主家庭。优越的家庭环境，使他从小受到了优良的中华传统文化的教育，他对历史上的岳飞、文天祥、史可法、林则徐等民族英雄都十分敬仰，立志效法他们报国救民的英雄气节，将文天祥的“人生自古谁无

死，留取丹心照汗青”的价值取向奉为自己的座右铭。

但是，他的这种崇尚正义的思想却与他所处的社会现实和家庭产生了激烈的冲突。

罗广斌的家庭是当时四川显赫一时的大家族，众多的田产、家业自不必说，他的哥哥罗广文毕业于黄埔军校，是陈诚的得力干将，解放战争时期，曾任国民党中将、十五兵团司令兼108军军长，是四川境内兵力最强的将领。

和大多数封建家庭走出的进步青年一样，罗广斌这种自发的革命意识也是从反抗封建家庭开始的。

15岁的时候，还在上学的罗广斌与一个家道中落的商人的女儿牟爱莲相爱了。每天一起上学放学，同桌为友。罗广斌还给牟爱莲朗诵巴金翻译的匈牙利作家尤利·巴基的作品《秋天里的春天》中的诗句：“……你可知道阳光的爱抚，那奇迹的春的接吻，它的温暖将使你再生？”安慰因家庭不如自己富有而显得自卑的牟爱莲，向她表白爱意。

但在罗家人看来，这样一个落拓穷困的商人的女儿，和显赫富有的罗家如此的“门不当，户不对”。罗广斌的父母大为恼火，极力阻止，甚至将老师请回家来单独授课，不准罗广斌随便外出。

从1940年到1943年读完高中，罗广斌认为自己过了“三年囚禁般的生活”。他后来在自传中写道：“……从那时起，开始认识了封建势力对于年轻人的束缚、统治，而且渴望对它‘革命’……”[1]

罗广斌是如何最终走出这“囚禁般的生活”的呢？我们不得不提到去年一部非常走红的电影《让子弹飞》的原作者、著名作家马识途。

【1】书中所引史料均来自红岩革命历史博物馆档案资料。

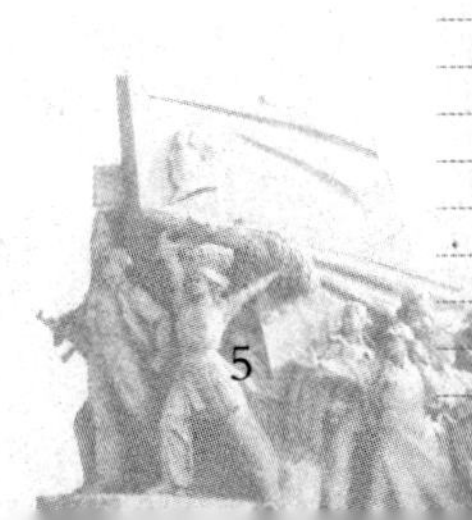

马识途

马识途是罗广斌的同乡，也是大户人家子弟，自小和罗家人熟悉，比罗广斌稍稍年长。罗广斌的父母希望马识途能够开导罗广斌与那个根本配不上罗家的牟爱莲不再往来。

针对罗广斌喜欢看国外名著的特点，马识途这样开导他：恋爱是一个人的权利，你不是读过伟大的启蒙思想家歌德的名著《浮士德》吗？浮士德从爱情的挫折背后看到了社会的弊端，进而激发了他走上社会变革道路的渴望，你应该有这个权利，你也应该有这样的渴望。

罗家人并不知道，此时的马识途虽在西南联大读书，却已是一个有六年党龄的中共地下党员。

这次谈话给了罗广斌很大启发，他决心勇敢地捍卫自己的权利。当又一次与牟爱莲偷偷相会被发现，盛怒的父亲竟然要动用家法时，罗广斌与父亲大吵一架之后愤然离家出走。罗广斌从背叛封建家庭开始，走上了一条追求革命的道路。

★ 在民主运动中走向成熟

罗广斌走向社会，第一个要找的不是别人，正是远在昆明西南联大的马识途。虽然此前马识途并没告诉罗广斌自己的共产党员身份，但罗广斌凭直觉认为，这个同样出自大户人家的同乡，就是自己首先要找的人。

在那个黑暗而迷茫的年代，是中国共产党让无数倾向进步的青年真正找到了自己的人生方向。

马识途当时是西南联大的学运负责人，在他的帮助下，罗广斌考入了西南联大，一边学习一边参加地下党领导的进步青年组织的活动，开始系统地接受党的教育。

抗战时期，北京、上海、南京一些著名大学内迁西南，在昆明办起了西南联大，昆明一时成为全国学术、民主精英的荟萃之地，这种氛围使罗广斌受到了民主思想的洗礼、革命思想的熏陶和实际斗争的锻炼，罗广斌开始走向成熟。

昆明学生举行反内战、争民主游行

1945年12月，昆明爆发了爱国学生要求民主和平、反对内战、抗议反动军警暴行的“一二·一”学生运动。罗广斌以极大的政治热情和突出的组织能力被推选为学生罢课委员会主席，亲身参加了这场民主斗争，也亲眼目睹了反动派的血腥暴行。他义愤填膺地写下了“血，是恨的种子！”这样的诗句。

血的教训，使年仅21岁的罗广斌从一个要求个性解放的青年转变成为一个自觉革命的青年。

但与此同时，由于过多地抛头露面，罗广斌暴露了。特务开始对他实行监视和跟踪。马识途对他不注意自我掩护进行了

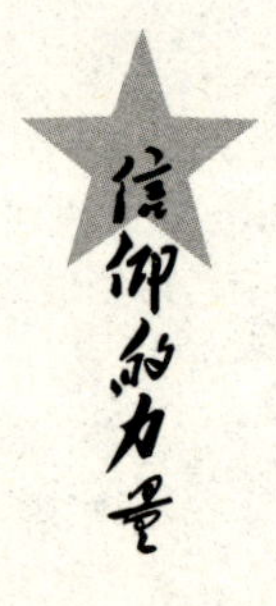

批评，要求他立即转移。罗广斌随后到了云南建水县健民中学教书以作掩护。

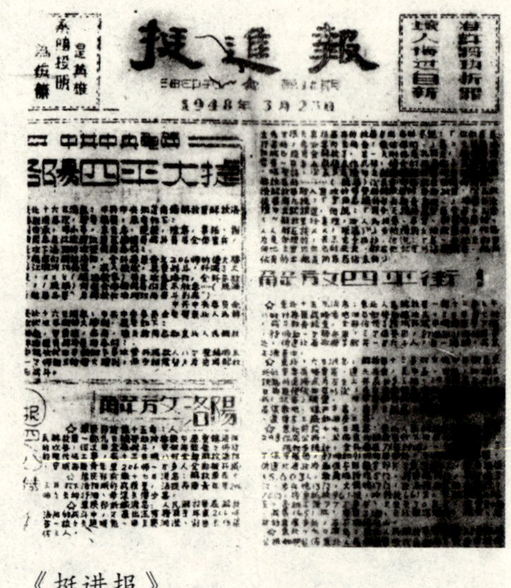
挺進報
1948年 3月23日

《挺进报》

1947年，根据党组织的安排，罗广斌考入重庆的一所地方高校，继续从事学生运动。

经过地下党几年的教育培养和实际斗争的锻炼，1948年3月1日，由江竹筠、刘国铉介绍，罗广斌正式加入了中国共产党。

1948年4月，重庆地下党机关报《挺进报》被国民党特务破坏，地下党中也出现了叛徒。党组织立即要求与《挺进报》有关的人员马上转移，罗广斌也在其中，按要求应立即转移到秀山。

而正在这个时候，经党组织同意，与罗广斌分开近八年的恋人牟爱莲即将来到重庆。是等她来了一起走，还是立即就走？如果自己留下来等她，出了问题，组织受到影响怎么办？如果不等，立即就走，她来了又会怎么想？什么时候才能见面？罗广斌陷入了难以抉择的痛苦之中。

这时，他想起了入党时江竹筠、刘国铉与他的谈话。江竹筠在入党谈话时对罗广斌说：“你一定要考虑清楚，一旦选择加入中国共产党，就要做好随时随地为党、为社会大众牺牲一切的准备，无论遇到任何情况，对党都要绝对忠诚，党的利益高于一切！”刘国铉告诉罗广斌：“我们都有背叛封建家庭的相同经历，当我们选择干革命的时候，就要懂得革命的前提条

件就是对党的忠诚，假如做不到这一点，可以不做选择，一旦选择，就不能背叛。”

此时的罗广斌已经成为一个有信念的革命者，人生追求已经超越了个人情感的局限，所以，罗广斌还是选择了立即转移，去了秀山县，而没有选择与自己心上人难得的见面机会，可谓“生命诚可贵，爱情价更高。若为自由故，二者皆可抛”。罗广斌为了自己的信仰，最终牺牲了这段美好的感情。

★ 叛徒和亲哥哥的出卖，让他被捕入狱

1948年7月，地下党决定让罗广斌回到成都，与家庭恢复关系，利用自己的特殊身份去做国民党上层的统战工作。

1948年9月，正当这位回到家中得到父母谅解的“幺老爷”在秘密筹划如何开展工作的时候，却在家中突然被捕。罪名是“奸匪嫌疑”。

是谁出卖了罗广斌呢？

出卖他的不是别人，正是当时已经叛变的原中共重庆地下市委副书记冉益智，而告诉特务具体家庭地址的，却是他的亲哥哥罗广文。

叛徒冉益智告诉国民党西南长官公署侦防处的处长徐远举——此人就是小说《红岩》中的特务头子徐鹏飞的原型：罗广斌是国民党第十五兵团司令罗广文的弟弟，他知道川康特委领导人马识途的地址。

就这样，罗广斌在自己的家中遭到了逮捕。

在渣滓洞监狱，徐远举和法官张界轮流对罗广斌进行突击审讯，妄图从他嘴里得到川康特委负责人马识途的地址。从徐远举的问话中，罗广斌反而知道了自己的上级是安全的，他心里暗自高兴，被捕以来一直担心的事情终于可以放心了。

在解放后[1]的一份自传中，罗广斌写道："……刚进牢，只有一个感觉，就是'度日如年'，在混乱中只还记得老马的一句话：'不管直接、间接影响别人被捕，都算犯罪行为！'……"

面对拒不招供的罗广斌，徐远举搬出了他的杀手锏，让批准罗广斌入党的冉益智对他进行"现身说法"。

冉益智叛变后，被授予国民党保密局中校专员，他不但出卖地下党组织的机密，还经常到狱中去现身说法。

徐远举告诉罗广斌：他就是你想要见到的上级，他就是地下党的重庆市委副书记，你的入党就是他批准的，他现在可是我们的中校专员了。

罗广斌非常吃惊，他实在不敢相信。

冉益智也是第一次见到罗广斌。他走上前微笑着对罗广斌说：为了反抗家庭对自己婚姻的干涉和压制，1944年离开家到昆明找到马识途在西南联大学习读书，在马识途的帮助教育下，参加"民青社"、"六一社"和抗暴活动……

罗广斌听到这些非常熟悉的话语，立即想起这是自己入党申请书里的话语，他相信了徐远举说的这个人就是他原来的领导、他的上级……同时，他也知道了为什么特务知道自己加入党组织的情况，全是冉益智出卖的。

徐远举非常得意地对罗广斌说：你相信了吧，怎么样？还是把川康特委副书记马识途的地址告诉我们吧！

冉益智也厚颜无耻地对罗广斌说："政府讲天理、国

【1】1949年10月1日，新中国成立，关押在重庆渣滓洞、白公馆里的政治犯们欣喜若狂，他们盼望着早日出狱。但从10月1日到11月27日的58天里，国民党展开了疯狂的大屠杀。1949年11月30日，重庆解放，但很多革命志士再也无法见到新中国的黎明了。本书所用"解放"，特指重庆解放。

法、人情，你只要讲出来，就可以回家了，你今后不搞政治，去学科学，仍然是有前途的！否则万一玉石俱毁，后悔就来不及了。”

想不到自己曾经的上级竟然这样卑鄙，罗广斌怒不可遏：“后悔？我有什么可以后悔的？放心，我什么也不会告诉你，送我回监狱！”说完话，罗广斌大步走出了审讯室。

与罗广斌同狱的李玉钿同志解放后写的证明材料中记载：“罗被捕送渣滓洞后，虽经数次最严厉的审问，始终未屈服，徐匪劝他自新，他不但不接受反而态度倔犟，被戴上了很重的足镣，他也不觉得痛苦，反而态度怡然自得……原以为这个出身官僚地主大家庭的‘少爷’扛不住特务的审讯，担心他会出问题，但是，眼前戴着铁镣、手铐的罗广斌却让难友们发出由衷的钦佩！难友何雪松称赞他是敢于‘冲向风暴的海燕’。”

何雪松

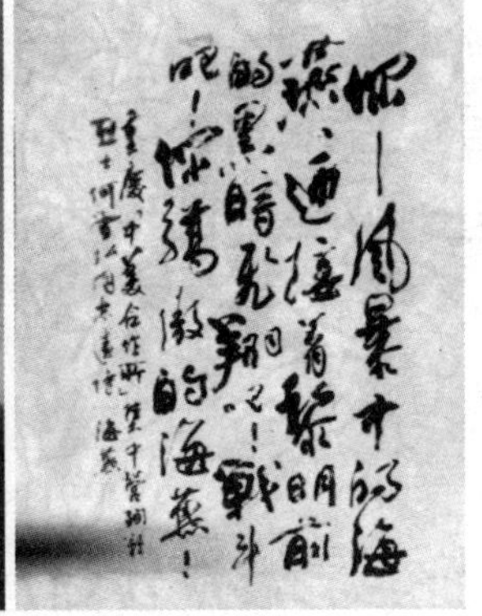

何雪松《海燕》（阑公远书写）

罗广斌在一首名为《我的自白书》的诗中这样写道：

望着脚上沉重的铁镣
我没有什么须要自白
就拿起皮鞭吧

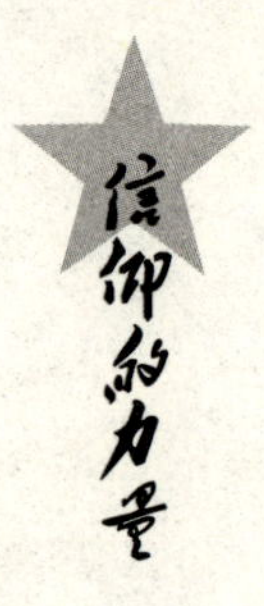

举起你们的尖锐的刺刀吧！
我知道，你们饶不了我
正如我饶不了你们一样
毒刑、拷打、枪毙、活埋
你们要怎么就怎么干吧！

是一个人，不能像狗样地爬出去
我恨煞那些怕死的东西
没有同党，什么也没有
我的血肉全在此地！

读着这样的诗，不知大家有何感受？铁镣、手铐、毒刑、拷打、枪毙、活埋，在罗广斌的眼里不值一提，而是“你们要怎么就怎么干吧”，字里行间是那样从容，又是那样潇洒。“不能像狗样地爬出去”、“我的血肉全在此地”——这就是罗广斌的回答！这铿锵有力的笔触背后，向我们传达出一种大义凛然的力量。

这力量是什么？就是一个共产党人为了人类进步事业的追求与信仰！

★拒写《悔过书》，放弃个人自由

碍于哥哥罗广文的显赫身份，特务们不敢拷打态度强硬的罗广斌。后来徐远举又将罗广斌转移到白公馆监狱，要罗广斌好好反省，只要写出《悔过书》，就放他出狱。

自由、出狱摆在罗广斌的面前，有的难友再次用疑惑的眼光看着这个出身豪门、连特务也敬畏三分的大军阀的弟弟。能出狱继续为党工作是罗广斌所企求的，获得自由更是他向往

的，只要在《悔过书》上签个字，这一切立马就能实现。

罗广斌又一次面对人生的抉择。而这次抉择，罗广斌已经没有犹豫，他是那样的果断和从容！因为他非常清楚，写一张《悔过书》太容易了，但，那就意味着投降，意味着背叛自己孜孜以求的信仰。

在监狱这个特殊的战场上，罗广斌的思想和灵魂得到极大的升华。他告诉特务："无过可悔，要释放不能附加任何条件。"特务们当然不会答应他。

1949年7月，面对当时全国的局势变化，特务们感到，罗广斌是一个包袱，万一有差错今后不好向罗广文交代。于是他们将罗广斌的父亲请到办公室，想用家庭的力量对罗广斌进行"悔过自新"的劝降。父亲劝道："你在报上写个退出共产党的说明，不要再去和政府作对，好好去读书、工作。"罗广斌与父亲激烈争吵一番后，大声叫道："送我回白公馆！"然后昂首挺胸，走出特务的办公室。

曾在白公馆与罗广斌同狱相处的难友、《大公报》的顾建平这样回忆道："罗广斌这青年有骨气，他始终不肯交出组织关系。7月，被他家人保释出去，但第二处必须要他写一张《自白书》或者《悔过书》，他仍然一个字不肯写，宁愿回到这里来，所以又抱着铺盖来坐牢。……我想，假如换一个人，家庭境遇这样好，监牢生活这样苦，既然走出这黑狱，就可能考虑到恢复自由的'技术问题'，但他竟不折不扣拒绝低头，而且回到监狱时的态度、精神仍然那么正常，毫无后悔怨尤，真难得！真可敬！"

多年前，罗广斌因个人恋爱问题与父亲大吵一架离家出走，获得个性的自由。而今天，为了大众的自由和解放，他放弃了出狱回家的机会，主动牺牲了个人的自由。是什么力量在和个人的自由抗衡并且把它战胜？罗广斌告诉我们，那就是信仰的力

量！这种信仰，是将最广大人民的根本利益置于个人的荣辱得失之上，是将劳苦大众的幸福与解放当成自己最大的理想。正因为拥有了这样的力量，这个富家公子、军阀的弟弟才能拒绝了这难得的出狱机会，昂然、决然也自然、坦然地走回了牢房，以传说中衔木自焚的火凤凰一般的大无畏气概，浴火重生。

★狱中绣红旗

很多人都在电影《烈火中永生》和歌剧《江姐》中看到过江姐等女难友绣红旗的动人情景，其实，真正绣红旗的却是罗广斌和他的室友。

新中国成立的消息传到白公馆，难友们为之激动，为之兴奋。梦寐以求的新中国已经成立，五星红旗高高飘扬！他们相互拥抱，在地上打滚；有的用铁镣手铐互相碰撞，发出清脆的声响，表达自己对共和国的崇敬之情。

当时，每个难友都在想象新中国成立的壮伟场景，牢房里不断发出高呼声：“新中国！五星红旗！五星红旗！新中国！”

狱中红旗

罗广斌眼见这热烈的情景，忽然一个念头闪现，他动情地对大家说："同志们！我们也应该做一面五星红旗，去迎接重庆的解放！"

罗广斌把自己的一床红色被面取下，难友们用草纸撕成了五颗红星，但是，五星红旗的具体图案是什么样的呢？大家进行了讨论，最后，大家一致认为，红旗中间应该是一颗大星，代表我们党，红旗四个角上是四颗小星，代表四万万中国人民紧紧围绕在党的周围。他们用饭粒将草纸撕成的五角星贴在被面上。

最后，罗广斌还代表大家创作了一首诗：

我们也有一面五星红旗，
一面用红色被面做成的五星红旗，
……
拿黄纸剪成五颗明亮的星，贴在角上，
再找根竹竿，就是帐竿也罢！
瞧呀！这是我们的旗帜，
鲜红的旗帜、猩红的旗帜！
别要性急，把它藏起来呀！
等解放大军来的那天，
从敌人的集中营里，我们举起大红旗，
洒着自由的眼泪，
一齐冲出去！

可惜，这面红旗未能打出去。红旗做好后，他们把它藏在牢房的地板下。1949年11月27日，保密局下令对关押在白公馆、渣滓洞的革命者实行屠杀！解放后，在清理烈士遇难现场时，罗广斌回到牢房，从牢房地板下取出这面红旗。解放初期，这面红旗随着白公馆、渣滓洞革命烈士狱中斗争的事迹一同展览。在重庆展出以后，又被调到北京、天津、大连展出，后应首都观众的要求，再次回北京展出。后来，因为筹建国家博物馆，这批展品包括红旗、血衣等物品被放在一个大缸中密封保存，当之后再次开缸时却发现全部物品已经霉变、破损。所以，现在白公馆监狱展出的那面红旗，是根据脱险志士的回忆复制而成的。

血染的记忆永远不会霉变、破损。虽然罗广斌等革命志士制作的五星红旗和实际的设计在结构上有很大的不同，但就是这样特殊的材料和特殊的设计，岂不照样充满了烈士们对革命必胜的向往和信心？

为什么红旗美如画，英雄的鲜血染红了她！

在我们的少年时代，老师教我们第一次系上红领巾时，总会这样讲，她是五星红旗的一角，是革命先烈用鲜血染成的。当然，共和国的国旗有更为神圣、伟大而丰富的象征意义，但我想，作为生活在今天的和平幸福的共和国公民，每当看到迎风飘扬的代表着国家意志的旗帜时，我们不能也不应该忘记黎明前夕白公馆监狱里这面特殊的五星红旗。志士们在白公馆制作的这面红旗，不正象征着对我们今天的和平与幸福的渴望吗？

★ 策反看守，成功越狱

发生在重庆解放前夕的大屠杀，是从11月27日下午开始的，当进行到晚上8点左右时，为加速执行屠杀计划，国民党保密局要求白公馆所有枪手集中到渣滓洞，先行解决关押在渣滓洞监狱的100多名政治犯，白公馆监狱当时只剩下罗广斌等19人，只留下看守杨钦典负责。

曾经两次放弃出狱机会的罗广斌，此时敏锐地察觉到白公

馆监狱的这种突然变化，一种带领大家越狱脱险的念头油然而生，假如不抓紧时机做看守的工作，组织大家越狱脱险的求生机会就会稍纵即逝。

而能够越狱脱险的关键就是策反看守杨钦典。为什么有可能策反杨钦典呢？

杨钦典本是国民党高层要员的警卫，因文化低、脾气大，被安排到白公馆监狱当一个看守。他认为没关系、没靠山，管理一批政治犯，一点“油水”都没有。当他了解到罗广斌的哥哥是罗广文时，就经常巴结讨好罗广斌，希望他出狱后能在他哥哥面前美言几句，能让他带兵打仗、升官发财。罗广斌利用这种心理经常对他进行教育、帮助，使他感觉到罗广斌这些共产党人挺有文化，讲事情很有道理。所以，当罗广斌对杨钦典进行紧急策反时，杨钦典觉得：这段时间发遣散费、烧文件、大撤退，国民党败迹已现，共产党打来是肯定的了！但是，歌乐山四周还是国民党管的，如果把他们放了，万一我还没走出歌乐山，他们找我要人，我怎么办？杨钦典难以抉择。

罗广斌对还在彷徨犹豫、难以抉择的杨钦典晓以利害：人民解放军解放重庆不出三五天便成现实，你要想回河南老家孝敬父母，现在就必须有立功表现，否则今后跑不出重庆，回不了老家。你双手沾有我们共产党人的鲜血，不立功赎罪，就是死路一条！给你的时间不多了，我们死无所谓，但是你的父母怎么办？你的家庭怎么办？不要犹豫了，站到我们这边，跟我们一起行动吧！

杨钦典

听了他的话，杨钦典终于下定决心帮助他们。

为慎重起见，杨钦典将关押罗广斌等19人的牢房

门锁打开，让他们不要动，说：我到楼上去观察一下，看看外面的动静，你们听见我在楼上跺三下脚，就自己把门锁取下，自己跑出去。

上了楼，杨钦典看着白公馆外漆黑一片，渣滓洞监狱那边却枪声不断，他终于做出最后的决定，抬起脚来，在木地板上使劲地跺了三下。就这样，在看守杨钦典的帮助下，罗广斌等19人虎口脱险，死里逃生。

由于杨钦典帮助罗广斌等19人越狱脱险成功，受到人民政府的宽大处理，解放后被遣返回河南老家务农。

就在罗广斌准备策反看守、争取获得自由的时候，他的哥哥罗广文却在重庆外围被人民解放军打得溃不成军。罗广斌脱险成功获得自由后，罗广文也在国民党迅速溃败的现实中觉醒，在四川率军起义，向共产党投诚，获得了新生。

两兄弟有各自不同的信仰，在正义事业的强大力量面前，哥哥终于向弟弟靠拢，走向了光明正义。正所谓“人间正道是沧桑”。

★ 血笔丹心著《红岩》

越狱成功的罗广斌，在重庆解放后，一方面接受组织对他们越狱脱险情况的审查，一方面参加烈士遗骸的鉴别和收殓工作。

罗广斌身体极度虚弱，仿佛自己还在狱中。他不相信江竹筠、刘国鋕、许晓轩、谭沈明他们已不在人间，他更无法忘记战友们在狱中对地下党斗争经验教训的总结讨论，他也忘不了刘国定、冉益智叛变革命给党的事业、同志的生命造成的巨大损失。江竹筠那“毒刑、镣铐，是太小的考验”，许晓轩关于党的建设、干部问题的种种意见……使罗广斌的心里像灌了铅

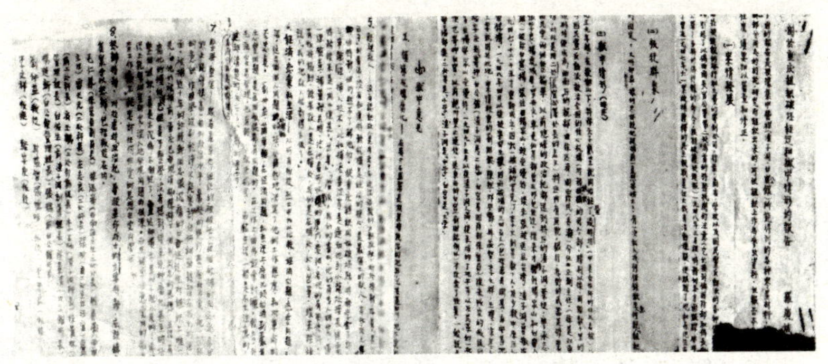

罗广斌《关于重庆组织破坏经过和狱中情形的报告》

一样沉重。他平静不了，他躺不下去。这个从屠杀中脱险的生者拿起笔来，把那些死者在狱中斗争的情况和殉难者对党的希望与嘱托写成了一份《关于重庆组织破坏经过和狱中情形的报告》，在1949年12月25日交给了西南军政委员会的组织部，随后又与杨益言同志一起，历时数年，数易其稿，最终完成了《红岩》这部长篇小说。

罗广斌整理记录的这个报告共有两万多字，包括地下党组织被破坏、狱中斗争、脱险经过、狱中意见等七个方面，留下了许多有价值的史料，成为一份具有极高价值的重要党史文献，它的核心点是一个人在政治上做出选择以后，就必须做到忠诚，而忠诚的前提条件，就是必须有坚定的理想信念，而理想信念是中国共产党人核心价值观的基本支撑点。

比如对叛徒，《报告》中记录："他们在叛变过程中，不是一天两天，也不是毫无矛盾和痛苦的……"问题就在于，是什么决定了他们在这个"矛盾"和"痛苦"的过程中选择了叛变这条道路？根本的原因就是理想信念不坚定。

在这份《报告》的最后一部分，罗广斌同志带着十分沉重的心情，代表狱中那些死去的难友，提出了八条意见：

1. 保持党组织的纯洁性，防止领导成员的腐化；

2. 加强党内教育和实际斗争锻炼；

3. 不要理想主义，对上级也不要迷信；

4. 注意路线问题，不要从右跳到左；

5. 切勿轻视敌人；

6. 注意党员，特别是领导干部的经济、恋爱和生活作风问题；

7. 严格整党、整风；

8. 严惩叛徒、特务。

这是革命烈士血与泪的嘱托，这是革命烈士对党和人民事业的高度负责，这是革命烈士生命最后所发出的强烈呼吁，这是我们在发展建设中不能忘记的警示。

这八条意见是针对地下党工作期间流血的经验教训而写成的；这八条意见反映了革命先烈高尚的品德和高度的责任感；这八条意见是今天改革开放中，每一个党员，特别是领导干部不可不记取的血与泪的嘱托。

解放后，罗广斌先在重庆市共青团工作，后在文联工作。他一生最大的心愿就是要为烈士立传，让他们的事迹广为传播。在中国青年出版社的大力帮助下，从罗广斌、杨益言的烈士事迹报告整理，到《圣洁的白花》、《禁锢的世界》等，以渣滓洞、白公馆革命烈士斗争事迹为主要内容的小说《红岩》终于在1961年出版问世，成为影响几代人的红色经典。

在罗广斌短暂的一生中，党组织的教育培养，使他有了坚定的革命意志和共产主义信仰，而这正是他和一切革命志士战胜自己、超越自己的无穷力量。他把这种信仰贯注到了《红岩》的字里行间，让我们看到了一组共产党人和革命志士忠贞不渝的英雄画卷！

天地正气，乾坤朗朗，我坚信，只要有这种信仰的延续，我们的党，我们的国家，我们的民族，就会始终充满民族复兴的伟大力量！

第二讲

虎穴龙潭建奇功

——红色特工张露萍

在中国共产党的隐蔽战线上，有一位红色女特工——张露萍。她17岁加入中国共产党，18岁开始做秘密情报工作，19岁不幸被捕，24岁被国民党军统秘密杀害，至死也没有说出自己的真实身份。在张露萍领导下的军统电台特别支部，犹如一把出鞘的利剑，直插敌人心脏，对打退国民党第一次反共高潮发挥了巨大的作用。她为信仰而生，为信仰而死，用坚强、勇敢与智慧，诠释了一个巾帼英烈的传奇人生。

张露萍

1939年冬到1940年春，在陪都重庆，人们经常看到一位头戴法兰绒帽、身穿咖啡色薄呢连衣裙、脚蹬高跟鞋的时尚漂亮女孩，手挽着一名年轻的国民党军官，在街上亲密地漫步。

有几次，从延安来重庆办事的人，也碰到了这对青年男女，他们大吃一惊：这不是延安抗大的黎琳吗？她怎么和国民党军官混在一起？难道她叛变了？还是自己认错人了？

其实，他们没认错，这正是从延安来到重庆执行秘密任务的黎琳，身旁的这个军官，就是地下党的军统电台特别支部的核心成员张蔚林。只是此时黎琳的身份是：张蔚林从上海来的妹妹张露萍。

这一讲我们要讲述的就是这位长期隐姓埋名，甚至牺牲多年仍不为人们知晓的红色女特工。

她，17岁入党，18岁被派回重庆执行秘密任务，19岁被叛徒出卖入狱，24岁被国民党军统秘密枪杀。在她短短24年的人生中，除了“黎琳”，她还先后使用过余薇娜、余家英、余硕卿、余慧琳等多个名字。她带着张露萍这个化名潜入秘密战线，又带着张露萍这个化名被抓进白公馆监狱，最后还是带着张露萍这个化名牺牲在国民党军统贵州息烽集中营。

然而，这位人们最后只记住化名的烈士却用她短暂而传奇的一生告诉我们：人，为什么应该有信仰？应该有什么样的信仰？为了这样的信仰，一个共产党人不仅可以隐姓埋名，还可以不惜生命，甚至忍受误会、寂寞和冷落。这该是一种什么样的情怀？又是一种什么样的力量支撑着这样的情怀？

★ 追求信仰，她走向延安

颇为巧合的是，正好在中国共产党诞生的1921年，张露萍出生在四川崇庆县一个军阀家庭。

1937年，抗日战争全面爆发，张露萍也以优异的成绩考入成都的蜀华中学高中。在那里，张露萍认识了同班同学车崇英的父亲——中共川西特委军事委员车耀先。当时，车耀先以成都祠堂街一家饭店老板的公开身份秘密领导当地的抗日救亡活动。他经常向张露萍等人宣传我党抗日民族统一战线的主张，介绍我军在前线浴血奋战的英勇事迹，鼓励他们投身到民族解放的伟大斗争中去。张露萍如饥似渴地阅读由车耀先创办的《大声周刊》，思想觉悟不断提高。这些都为她日后那么年轻就深入虎穴担当大任打下了良好的思想基础。

车耀先

才华横溢的张露萍还为《大声周刊》写下这样的诗句：

> 真理，织成了她们的心幕；
> 希望，充满了她们的内心；
> 微笑，代替了她们的一切情绪。
> 这些礼物是谁送来的呢？
> 是可敬可爱的《大声》啊！

张露萍加入了党领导的进步组织中华民族解放先锋队，还参加了天明歌咏团，组织带领群众大唱抗日歌曲，演出

抗日话剧。在成都的工厂、学校、街头，处处闪动着这个活泼、豪爽、美丽的女学生的身影。和当时国统区受到共产党的影响而追求进步的许多青年一样，她向往延安，向往光明的未来。

1937年深秋，张露萍把自己的一张照片剪成五角星状，在下面写下这样的诗句：

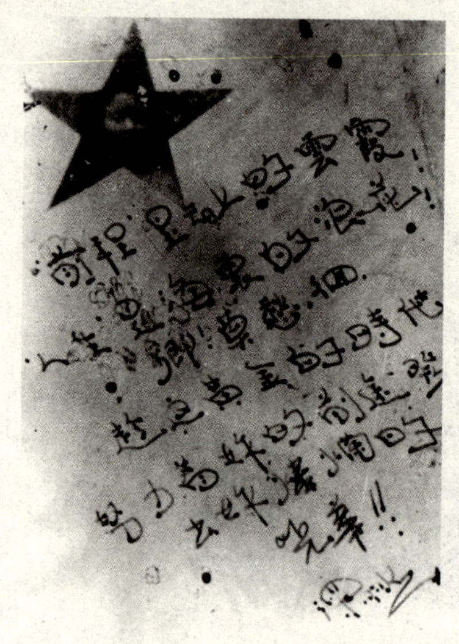

张露萍在其五角星照片下题写的自勉词

前程，是天上的云霞，
人生，是海里的浪花。
卿莫愁徊，
趁这黄金的时代，
努力着你的前途，
发出你的灿烂光华！

1937年12月，张露萍等人秘密离开成都，闯过国民党的重重关卡到达延安。在年仅16岁的张露萍看来，延安就是革命的圣地，就是中国光明的象征，就是自己信仰的方向。

★ 为了信仰，她离开延安

在延安，一个年轻生命的全部能量被无处不在的生机和火热的信仰所激活，她勤奋学习，刻苦锻炼，积极劳动，以优异的成绩先后从陕北公学和抗大毕业。

在给同学车崇英的信中，张露萍写道：“延安是革命的大熔炉。在‘抗大’，毛主席给我们上课。大殿，是我们的课堂；膝盖，是最方便的写字台。”她还给家里寄回了一些在

延安学习和生活的照片。

张露萍在延安

1938年10月26日，17岁的张露萍在延安加入了中国共产党。抗大毕业后，张露萍被选拔参加了中央组织部举办的干部训练班。之后，党组织根据她的情况，分配她到延安文联做秘书工作。这段时间，她同马列学院政治经济学研究室的李清同志在工作中建立了爱情，他们志同道合、情投意合，结成了革命伴侣。新中国成立后李清曾任国家交通部部长。

1939年深秋，延安决定派张露萍回四川开展统战工作。张露萍告别了生活近两年的延安，也告别了新婚不久的爱人，开始了一个红色特工的传奇生涯。

她走得那样自然而又毅然，因为张露萍清楚：就像当初坚决离开成都奔赴延安追求信仰一样，现在，她又为了自己的信仰而离开了延安，也离开了自己的爱情，还可能是有去无回地永远离开，加上秘密任务的特殊性，也许自己的名字连同历史都将会从这个世界上消失。

那一年，张露萍才刚刚18岁。

张露萍的丈夫李清

1986年清明节，我在歌乐山烈士陵园见到了张露萍的丈夫李清同志，问起他对张露萍最深的记忆，他沉思了一会儿说：“她执行党的任务最坚决！”

说实话，听到这里，

我深深地意识到，和那些有名有姓的英雄志士一样，为了新中国的诞生和人类进步事业的胜利而默默献身的无名英雄，同样值得我们永远缅怀和景仰。

张露萍此去四川的秘密任务究竟是什么呢？前面咱们提到的和她手挽手的军统局青年军官张蔚林，又是怎样成为军统电台特别支部成员的呢？

要回答这两个问题，我们先简要介绍两个历史背景：一是重庆八路军办事处和隐蔽在办事处内的中共中央南方局；二是国民党军统局和它的电讯处。

抗战爆发后，国民政府西迁重庆，建立陪都，根据国共两党口头协议，中国共产党八路军办事处在重庆建立，而中共中央南方局则隐蔽在八路军办事处内。作为中国共产党的代表，周恩来出任国民党军事委员会政治部中将副主任，他租下曾家岩50号作为办公地点，所以这里又被人们称作“周公馆”。南方局军事组也以八路军办事处的名义在这里办公，负责人是叶剑英、曾希圣、雷英夫等。为了有效推行抗日民族统一战线，制止国民党右派制造和发动反共事件，南方局迫切需要及时掌握各种情报，分析研究以便掌握主动。

曾家岩50号

我们再来说说国民党的军统局。它的全称是国民政府军事委员会调查统计局，实际上就是国民党的特务首脑机关，简称军统。军统以蒋介石为核心，凡是对蒋不利的人物一律列为调查打击对象，因此，它的任务不仅仅是对付共产党，也包括清理国民党内部的异己分子。“生着进来，死了出去”，其残酷的手段，就连国民党内部人员提起来也是不寒而栗。

那么，在这样严密而又残酷的特务组织内部，中共特别支部又是怎样建立起来的呢？特别支部和延安来的张露萍又有什么关系呢？

南方局军事组的雷英夫后来回忆：1938年8月的一天，一位叫张蔚林的国民党青年军官突然造访周公馆，指名要找周恩来或者叶剑英，曾希圣和雷英夫接待了他。张蔚林自称是国民党军统电讯总台的报务员，曾经加入过地下党，后来同组织失掉了联系，以后就参加了军统局的电讯训练班，后来调到了军统电讯总台。他自称看了《新华日报》和一些进步刊物，对国民党消极抗战非常不满，对军统的特务活动极为愤慨，觉得在军统局工作没有出路。张蔚林提出两项请求：第一，恢复自己的党籍；第二，介绍自己到延安或参加八路军。

军统电台的报务员？要到延安去，参加八路军？曾希圣和雷英夫大吃一惊，这会不会又是敌人的计谋？他们不敢轻易表态，但是，他们感觉得到，这位青年的态度诚恳，要求坚决。于是，曾希圣对他说：抗战不论在什么地方都可以，特别是我们坚持抗战、反对投降，坚持进步、反对倒退，坚持团结、反对分裂，要制止和反对国民党顽固派、投降派的分裂、倒退活动。国家、民族利益高于一切，我们要维护抗日民族统一战线。因此，不论在什么地方，都可以为抗战出力，为国家民族做事情。然后，雷英夫将张蔚林劝了回去。

但是，没过几天张蔚林又来了，而且还带来了一个叫冯传庆的报务员，并向军事组说出了军统电讯总台的电台、人员、编制等诸多情况，又陆续送来了电台密码和我们没有掌握的一些情报。他们经受了严格的考验，获得了信任，并由叶剑英和曾希圣介绍入党。后来，张蔚林、冯传庆又在军统电台内发展了杨洸、赵力耕、王席珍、陈国柱、安文元等人入党。

冯传庆

在迷茫、黑暗和白色恐怖之下，这群弃暗投明的年轻人，怀着光明的人生信仰，将“固若金汤”的军统秘密王国就此打破，也为后来军统特务头目戴笠“奇耻大辱”的感叹埋下了伏笔，而其中最精彩的一笔，是由张露萍画下的。

★ 任务变更，化名潜伏

前面我们说到，当时延安派张露萍回川的任务，是利用家庭关系对川军开展统战工作。执行这项任务的张露萍还没有使用化名，依然是抗大时期的黎琳。

按照组织要求，黎琳必须先与南方局军事组接上关系。这时的军事组正在物色代替张蔚林、冯传庆二人传送情报的人选，因为当时张、冯送情报虽然也建立了秘密的中转站，但总是需要他们直接送出来，时间长了就会出现意想不到的情况，所以军事组一直想找一个可以传送情报而又不引起注意的人来负责这方面的工作。当年轻漂亮而又时尚的黎琳出现在曾家岩时，周恩来、叶剑英眼前一亮。

从第二天开始，按照曾希圣的要求，军事组的同事带着黎琳走街串巷，逛商场，吃餐厅，购买化妆品和时髦服装，几乎转遍了主城区的大街小巷，还要她记住每个地方的标志建筑和各条小巷的地名，让她熟悉重庆的风土人情。黎琳喜欢买的就让她买，喜欢吃的就让她吃。每天晚上吃饭的时

老重庆

候，曾希圣、雷英夫甚至有时叶剑英和周恩来都要不断地问她去过什么地方、哪条路怎么走、有什么标志等等，她都一一应答，准确无误。

几天下来，除了逛街、购物、记路名、熟悉环境外，毫无他事可做，黎琳不止一次要求，赶快让自己去成都执行任务，而南方局的领导总是不正面回答，还是问她一些已经记得很清楚的地名和街道等等。

敏锐的黎琳已经意识到，组织上给自己的任务肯定不是这样吃喝玩乐，在那种特殊年代，“吃喝玩乐”也许意味着一种特殊的任务即将开始。

条件成熟，也通过了考察，军事组正式通知了她新的任务，她的名字从此换成了张露萍，身份是张蔚林从上海来的妹妹。

前面讲到，张露萍“执行组织的决定最坚决”，在党最需要她的时候，她会用自己的全部青春和热血去服从党的需要！也正是出于这样的需要，年轻的共产党员张露萍，不仅仅改了名，改了任务，也毅然改变了自己的人生走向！而能让她做出这种改变的动力恰恰在于：自己的信仰从来没有改变过！

张露萍很清楚，相比而言，在敌人眼皮底下干情报，远比去做国民党军队的统战工作风险更大。

这，就是一个共产党员无言的信仰。信仰，不是口头也不是书面的豪言壮语，而是抛头颅、洒热血的行动和对党的绝对忠诚！

当时，南方局给张露萍三个任务：

第一，领导军统局电讯处的党员张蔚林、冯传庆，建立秘密支部。

第二，转送情报，将张、冯等人提供的情报通过中间站转送周公馆。

第三，若有可能，在军统局电讯处继续发展党员。

南方局的领导反复强调：电台特支一定要单线联系，绝对不与其他任何人和地方组织发生横向关系，包括绝对不再和自己以前所认识的人交往，任何情况下不能暴露与南方局的关系。

就这样，这位年轻的女孩以张蔚林妹妹的身份出现在军统电台宿舍，后来又以张蔚林身体不好、住宿舍影响休息为由，在重庆佛图关旁边租了一套房子，名义上是便于更好地照顾自己的哥哥。

为了安全，张露萍在两路口一带建立了几个情报传送站。同时，为了使自己的身份合法化，不致引起任何人注

国民党军统电讯总台旧址

意，凡是当时军委会、军统局本部等单位组织的酒会、晚会等社会活动，张露萍都想办法参加，并和张蔚林成双成对地出现，张蔚林大大方方地向人介绍：这是我的妹妹，张露萍也亲切地叫张蔚林“哥哥”。

这就是延安来的人为什么多次见到她和一个国民党军官手挽手走在一起的真实背景。但这种真实只有南方局极少数领导清楚，以至于延安还出现过“黎琳回四川叛变了，与国民党军官鬼混”的说法，这给不知实情的丈夫带来了巨大的痛苦和误会。李清也曾找组织问过自己妻子的情况，但组织上给他的答复是：我们没有听说过，她在四川很好。

如果说，17岁的张露萍从家乡奔赴延安，在那个革命的熔炉里得到迅速的锻炼成长，那么，在重庆这个国统区从事党的秘密工作，就犹如在炼狱中得到了真正的升华——张露萍必须承受不光自己不能明说，领导、同事更不能去说明的委屈和误解，她将经受信仰、意志、党性和铁的纪律的综合考验！

★红色电台与特支暴露

在张露萍的领导下，军统电台的秘密特支犹如一柄出鞘的利剑，在敌人的心脏里迅速显现锋芒，刺得敌特连连叫痛。

根据红岩革命历史博物馆史料记载：军统电讯总台的人事图表，戴笠部署在全国的无线电设备分布网及频率、波长、密码等众多情报全都落到了共产党的手里，甚至有些来不及再往周公馆送的紧急情报，特支成员就直接在军统的电台上发往了延安。他们就像敌人心脏的X光透视机，把敌人的一举一动都看了个透。他们发回的情报，对于打退国民党掀起的第一次反共高潮发挥了重要的作用，被称为军统电台中的“红色电台”。

一次，杨洸奉命将一封戴笠加密后的电报发给胡宗南，直觉告诉杨洸，这可能是一份十分重要的情报，于是他偷偷把内容抄了下来，交给冯传庆。当晚，冯传庆、张露萍、张蔚林一起，反复试验，终于破译了电文内容：原来戴笠将派遣一个携带小型电台的三人小组，要胡宗南暗中保护并协助混入陕甘宁边区。第二天，张露萍就将这份绝密情报通过中转站顺利送到了周公馆。

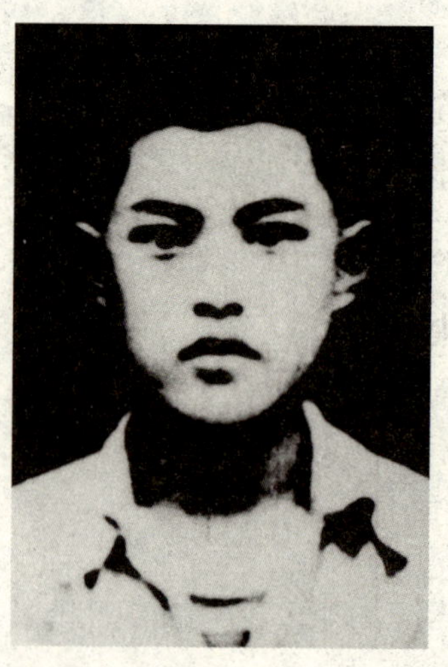
杨洸

戴笠精心策划的特务小组还没有进入延安，就被我军全部抓获。

然而这次密电的成功破译，也为秘密支部的最终暴露留下了线索。因为戴笠发现，最近一段时间不断有非常严密的情报外泄，他专门成立了稽

查组对军统内部人员进行一次大清查。

1940年春节前夕，电台特支的工作一直非常顺利。张露萍向南方局提出想回成都老家去看一看，同时摸一摸川军的统战情况，组织上同意了。

张露萍没想到的是，这次去成都后，一个意外却导致了整个军统电台特支的暴露！

1940年2月中旬的一天，张蔚林在工作时烧坏了一个真空管。军统有规定，损坏设备要被处分，或者是关禁闭，甚至还要立案调查。张蔚林担心，万一被禁闭审查，身份就可能暴露。情急之下的张蔚林有些乱了阵脚，没到交班时间就偷偷离开岗位，而且违反规定直接来到了周公馆报告。叶剑英、曾希圣听了张蔚林所谈的情况，认为烧坏真空管是工作失误问题，关几天禁闭被调查也是正常的，他们要求张蔚林迅速回到工作岗位，以免节外生枝。但是张蔚林却再次违反纪律，没有按照南方局的要求立即赶回电台，而是到了自己的老师、电讯专家、军统局电讯处少将处长董益三的家里求助。

情急之中这一连串的违纪，让屡建奇功的电台特支就此暴露。

戴笠

就在张蔚林脱岗之时，军统督察处处长叶翔之按照戴笠的指示前来查岗。当发现张蔚林的岗位上无人值班、电台又处于非工作状态时，叶翔之非常吃惊，立即派人在台内寻找，但没有找到。随后他又派人去宿舍寻找，结果也没有人，却在宿舍写字台的抽屉里发现了军统在各地的密台表以及记载着绝密情报的手抄

件、军统电台人员花名册等，还有一些看不明白的密语。

叶翔之大吃一惊！他立即向戴笠报告，戴笠要求迅速逮捕张蔚林。

张蔚林很快在董益三家里被捕，然后特务通过调查、排查，以及辨认在张蔚林宿舍搜出来的字条字迹，先后逮捕了冯传庆、杨洸、赵力耕、陈国柱、王席珍、安文元等六人。

电台特支被彻底破坏。

这就是震惊国民党朝野的军统电台特支案！

那么，远在成都的张露萍，能不能逃脱军统的魔掌呢？

虽然经受最严酷的拷打，张蔚林等始终咬紧牙关，拒不透露任何细节，尤其是和张露萍的关系。虽然张露萍是电台特支的实际领导，但她并没在电台工作，她的身份只是张蔚林的妹妹。

那么，究竟是谁供出了这层关系呢？

这个人就是安文元，案发前一个月才发展的新党员。他经受不住刑讯威逼，说出了直接领导就是张蔚林的妹妹张露萍以及她现在不在重庆而在成都的秘密。

特务头子戴笠没有想到，这个年仅19岁的黄毛丫头，居然领导电台特支，干了好几桩让自己这个老牌特务都无法交代的惊天大案，简直是自己特务生涯中的奇耻大辱。

而此时，远在成都的张露萍对此仍一无所知，危险已经一步步向她逼近。

令人庆幸的是，张露萍单线负责的几个中转站并没有暴露，否则，特务们就会顺藤摸瓜，找到电台特支和南方局的关系，后果将不堪设想。

这，又是怎么回事呢？

关在禁闭室的张蔚林心急如焚，特别想把被捕的消息送出去，让张露萍及时知道重庆这边发生的情况。

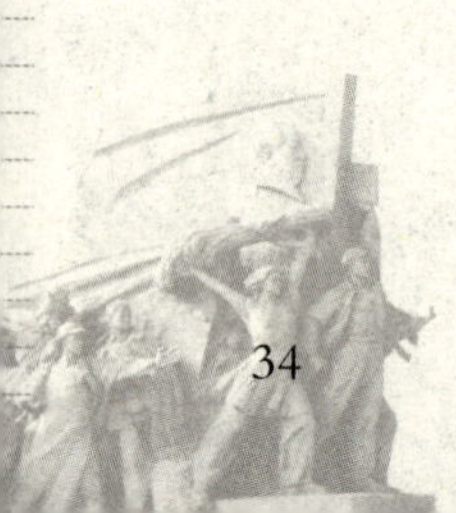

禁闭室的看守毛烈平时与张蔚林有些私交，也知道他技术特别好，又是电讯处处长董益三的红人。当张蔚林要求毛烈帮他送一封信，并且给他几块大洋做酬劳时，不知实情的毛烈当场答应。因为这件案子实在太大，由戴笠等特务头子亲自处理，一般的看守还不知道他们为何被捕。于是，这封信顺利送到了地下交通站，并转到了南方局。戴笠知道这个情况后，大发雷霆，立即下令枪毙了毛烈。

那么，张露萍究竟是怎样被捕的呢？其间又充满着怎样的惊险和传奇呢？

特务们再次检查张蔚林的宿舍时，发现了一个写有成都地址的字条，这会不会就是安文元所供的张露萍的地址呢？狡猾的特务叶翔之模仿张蔚林等人的口吻，照着这个地址发去了"兄重病速回"的电报。

收到电报的张露萍感觉有些不对，是张蔚林真的病了还是有紧急情况？如果是紧急情况，根据纪律也应该通过中转站，而不能直接与自己联系；其次，即使要让她提前返回，也应该由南方局通知，作为下级，张蔚林他们没有这个权力。

但不论怎样，这份电报表明重庆肯定出了问题，自己必须立即回去。于是，张露萍决定不给张蔚林他们回电，而是直接给南方局发去了立即返回的电报。

接到电报，南方局认为，张露萍肯定中了圈套，但已无法阻止，因为成都到重庆乘车当天就能到达，只好派了几个人到车站试图阻止，但是一到车站就发现，已有特务层层把守，根本无力营救，只好眼睁睁看着张露萍被叛徒安文元指认并被逮捕。

研读烈士档案资料20余年，我发现，不少烈士都是在这种紧急情况下，在"明知山有虎，偏向虎山行"中被捕的。他们本来就冒着杀头的危险从事革命活动，心中始终充满着革命的激情。这种火一般的激情，让他们无时无刻不充满了责任感。凭着张露萍的敏锐判断，她完全可以不急着赶回来，但担心电台特支是否出事的责任感，远远超过了对个人安危的考虑。

我们常常说信仰的力量，那么，信仰的力量究竟从何而来？

从张露萍烈士的身上，我们起码可以得出这样的结论：

忠诚、激情、责任，是支撑信仰不可或缺的三块基石！

★ 沉默的情怀

张露萍被捕后，戴笠急于想从她身上榨取最有价值的口供，反复讯问：谁是上级？情报送到什么地方？张露萍分析：除了张蔚林、冯传庆，其他党员都没有去过南方局，敌人反复这样追问，说明敌人知道的情况还没有超出特别支部，也就是说，并没有掌握特别支部和南方局的关系。

“我就是他们的上级，他们按照我的要求做事！”无论特务们如何威逼利诱、滥施酷刑，除了这两句，心中有底的张露萍再也没有多余的一个字。

这对于一心想要从她身上打开缺口，以便整治共产党的戴笠来说，是自己在此次电台案中的又一个失败。

戴笠不甘心失败，决定利用张露萍“放长线钓大鱼”，于是，派人在曾家岩附近释放张露萍，又派人悄悄跟踪，看她跟谁说话，看她到底进不进周公馆。机警的张露萍当然知道敌人的伎俩，即使见到自己的同志也仍是满脸严肃，一言不发，在距离周公馆大门只有一两步的地方，张露萍连看都不看就走开了。

后来，我看到了一些材料，特务机关最后认为，领导张露萍的不是周公馆，而是重庆地下市委。这也充分说明，张露萍

用机警的行动有力地保护了南方局的领导机关。

黔驴技穷的戴笠重新抓捕了张露萍，将她囚禁于白公馆。1941年3月，张露萍等人又被转移到了贵州的息烽监狱。在牢房中度过近六个春秋后，张露萍等七人于1945年7月14日在息烽县被秘密杀害。

曾经与张露萍等人在贵州息烽监狱一起关押的韩子栋，也就是小说《红岩》中“疯老头”华子良的原型，在谈到张露萍等人被枪杀的情况时说：

> 他们七个人是以“军统违纪”被关在监狱的，从言谈举止我们感觉他们不像是军统的特务，特别是张露萍，车耀先对她很熟悉，也是他动员她去延安的，为什么和军统扯在了一起？车耀先也数次问过张露萍，但是她总是回避，也不与狱中党组织发生关系。当他们被押出去枪杀的时候，几乎是一步一回头，眼睛死死地看着我们，我们看见他们嘴在颤抖，感觉到他们想要说什么，但是一直到他们从我们的目光

贵州息烽监狱囚禁过张露萍的牢房

中消失，他们也没有说出一个字！可以想象，他们的心里是相当难受的，他们至死都没有暴露党的秘密！

张露萍等人被捕后，南方局为了免遭更大的损失，采取了一系列应变措施。曾希圣首先秘密回到了新四军。不久，叶剑英、雷英夫等军事组成员也回到了八路军总部。但这样一来，一直与军事组单线联系的张露萍被捕后的表现，党组织也就一时无法了解。由于种种原因，解放后他们的殉难登记表上一直写的是“军统特嫌”，因而无法进入烈士评定的范围，以致无缘享受烈士的称号。

张露萍牺牲30余年后的1983年，根据党中央的指示，四川省委组织部、贵州省息烽县委派出专人调查，叶剑英等很多同志也亲笔写了证明材料，在查清事实的基础上，中央有关部门为张露萍等七位烈士正名平反，让他们享受革命烈士的称号。

为信仰而生，为信仰而死。

让我们记下这些烈士牺牲时的年龄吧：

张露萍最小，24岁；

陈国柱最大，33岁；

冯传庆，31岁；

张蔚林，29岁；

杨洸、赵力耕、王席珍，都是28岁。

如此的花样年华，为什么能爆发出那么坚贞不屈的力量？

也许，我们可以从后来收集到的一张张露萍烈士的照片中找到答案，在照片的背面，她写道：

她有健全的身体，有高尚的理想！更有清白的身心，坚决的意志！挺着胸膛，去应付未来的难关，压平路上的崎岖，碾碎前面的艰难，冲破人间的黑暗。

张露萍等七烈士殉难处

张露萍照片背后的自白，为所有舍身成仁的年轻烈士做出了最生动也最深刻的诠释。

第三讲

黑牢中的自白

——红岩烈士陈然

在小说《红岩》中，有一个让人敬佩的地下工作者成岗，他在极端恶劣的环境中，用最简陋的工具刻写、印刷《挺进报》；被捕以后，他忍受着最残酷的拷打，决不出卖自己的同志和组织，决不出卖自己的灵魂，并且在监狱里继续和敌人进行顽强的斗争。这样一个杰出的文学形象的生活原型，就是红岩烈士陈然。他牺牲时年仅26岁，留下了著名的黑牢诗篇《我的自白书》。

当年，被捕的革命志士进入渣滓洞、白公馆监狱后，面临的第一关就是严厉的审讯，如果你不按照他们的要求出卖同志、交代组织，特务就会用刑罚进行逼供，从肉体上摧残你，进而打垮你的精神意志。所以，在刑讯逼供面前，只有靠坚定的革命意志，只有靠神圣的崇高信仰来支撑自己，才能战胜刑罚的皮肉之苦。

任脚下响着沉重的铁镣，
任你把皮鞭举得高高；
我不需要什么自白，
哪怕胸口对着带血的刺刀！

人，不能低下高贵的头，
只有怕死鬼才乞求“自由”；
毒刑拷打算得了什么？
死亡也无法叫我开口！

对着死亡我放声大笑，
魔鬼的宫殿在笑声中动摇；
这就是我——一个共产党员的自白，
高唱凯歌埋葬蒋家王朝。

这是一首脍炙人口的诗，是对许多中国人有过深刻影响的诗。从萧三主编的《革命烈士诗抄》（1959年中国青年出版社出版）到小说《红岩》，以及新中国60多年来所出版的革命烈士诗抄，这首诗的作者写的都是陈然。但这首诗却不是陈然本人在狱中写的，它是脱险志士罗广斌、杨益言、刘德彬根据陈然在狱中的表现和受刑后想写诗抒发自己决不背叛政治信

仰、保持坚定立场的真实历史所记录的。

根据红岩革命历史博物馆A64文物档案记录，在做《我的自白书》的作者调查时，杨益言、刘德彬说，陈然被捕后关在白公馆时，与罗广斌在一个牢房，听罗广斌讲：“陈然当时准备写两首诗，一是《假若没有了我》，二是《我的自白书》。”解放后，罗广斌将陈然《我的自白书》记叙下来……以后经请示市委组织部……认为这首诗是陈然的思想，也是他的原话，应该署名陈然，所以《革命烈士诗抄》和小说《红岩》中，这首诗署的都是陈然的名字。

任脚下响着沉重的铁镣，哪怕胸口对着带血的刺刀！这是陈然坚定革命意志的真实写照！

人，不能低下高贵的头，只有怕死鬼才乞求“自由”！这是陈然革命气节的高度弘扬！

毒刑拷打算得了什么？死亡也无法叫我开口！这就是陈然革命信仰不可更改的执著追求！

这一讲，我就向大家讲讲陈然烈士。

1948年4月，中共重庆地下市委的机关报《挺进报》被敌人破获，特支书记陈然被捕以后，特务妄图从他嘴里知道《挺进报》的发行名单，以加大对地下党组织的破坏。陈然坚不吐实。特务用刑罚对他进行摧残，但是他坚决不肯按他们的要求写《自白书》，因此被他们打得皮开肉绽，最后被钉上死囚的重镣，关押在白公馆。

陈然

在多年整理和研究烈士史料的过程中，我无数次看过陈然的档案，研究过他的狱中斗争事迹。特务看守杨钦典曾经对我说："陈然，真是一条硬汉子啊，打得他那样惨，他就是不说！"

在白公馆监狱，陈然是受刑最重却表现得最为英勇的战士。陈然的表现，无愧于这么一句比喻："共产党员是特殊材料制成的。"

这特殊究竟何在？那就是一种坚不可摧的信仰，一种刚直不阿的气节！

★陈然找党与党找陈然

也许大家想不到，陈然这个有坚定信念的共产党员早年却有过一段脱离组织的经历，当然不是叛变变节，而是与党组织失去联系后找党的艰难历程。这是怎么回事呢？

早在抗战期间，陈然就在湖北参加了著名的抗战孩子剧团，16岁就加入了中国共产党。1942年，领导孩子剧团的地下党组织遭到破坏，陈然接到通知前往延安，却因为交通问题而改道重庆，组织关系也随之转到红岩村。在这期间，由于出现叛徒，党组织立即安排他到江津暂时隐蔽。因为生病，陈然又回到重庆治疗。当他再度返回江津时，党组织已经转移，陈然就这样和组织失去了联系。

陈然只好只身再来重庆，直接到红岩村八路军办事处要求接上关系，却没有得到同意。前面我们说过，八路军办事处不就是中共中央南方局吗？陈然怎么会遭到拒绝呢？

其实，大家只要稍微联系一下秘密战线的背景就会清楚：原来，地下党在国统区的组织关系均是单线联系，是宝塔形结构，从上到下，每个层面单线掌握，很少产生横向联系。一旦组织遭到破坏，即使出现了叛徒，也不至于危及全局。由于陈然回重庆治病，错过了在江津与上线会面的机

红岩村中共中央南方局和八路军驻渝办事处驻地

会，导致他暂时失去了组织关系，这是其一；其二，出于当时抗日民族统一战线大局的考虑，南方局实行“隐蔽精干，积蓄力量，长期埋伏，以待时机”的16字方针，陈然在当时属于“暂时停止组织关系、自谋职业”的一般党员，何况，按照地下党组织的纪律规定，上线不找，下线是不能够乱动的。所以，红岩村没有直接恢复他的关系，这既在情理之中，又是铁的纪律使然。

但对陈然来说，失掉组织关系，得不到党的指引和教导，就像孩子失掉了母亲一样，痛苦和迷茫可想而知。他坚信，党也在寻找她的孩子，只要坚持信仰不动摇，就一定能够重新回到党的怀抱。

1943年，为了维持生活，陈然经人介绍在中粮公司修配车间找到一份工作。难能可贵的是，失去了组织关系的陈然，仍然按照一名党员的标准要求自己。他用读书会的方式组织公司的青年朋友阅读《新华日报》，向他们讲解时事政治，帮助失业青年找出路谋职业，组织他们参加一些进步团体的活动。

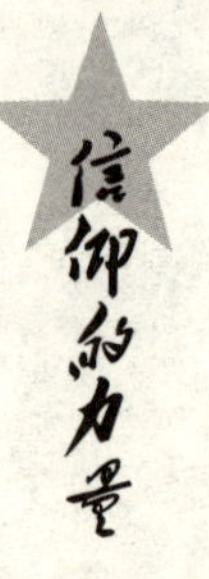

陈然组织读书会时的合影

这些事情，让早就注意到他的党组织觉得，陈然虽然暂时脱离了组织，却一直没有放弃过自己的信仰，是该和他重新取得联系的时候了。

也就是说，陈然在找党，其实，党也在找陈然。只不过，已经脱离党组织好几年的陈然需要接受考验，而陈然以自己的实际行动证明了对党组织的忠诚，通过了党的考验。

当重庆地下党市委委员彭咏梧与陈然接上关系的时候，找党找了整整三年的陈然激动得热泪盈眶，他握着老彭的手，激动得好久说不出话来。

这时的中粮公司已因为抗战胜利而迁回南京，一部分机器设备留在了重庆，公司指定由陈然负责管理。陈然所在的修配车间地处交通不便的南岸野猫溪，很适合隐蔽和掩护。那是一座两层小楼，楼下是车间，陈然一家住在楼上。

鉴于陈然的合法身份，加上他的现实表现，地下党组织决定，把《挺进报》的印刷机关设在陈然的家里，并由他负责印发工作。

讲到这里，我们就不能不说一下《挺进报》了。

可以说，整个川东地下党的命运，包括后来大多数渣滓

洞、白公馆的革命烈士的命运都和这份小小的报纸有着直接或间接的关系。

这份《挺进报》究竟是怎样的一份报纸，它在整个重庆地下党组织的活动中，究竟扮演着怎样的角色呢？

★《挺进报》挺进敌人心脏

1946年4月30日，中共中央南方局迁到南京，同时在重庆成立了公开的四川省委。1947年2月28日，国民党反动当局悍然封闭了四川省委和《新华日报》，全体公开工作人员被迫撤回延安。由于省委还没来得及建立第二线的地下班子，川东各地党组织曾一度与上级失去联系。一时间，重庆消息闭塞，谣言四起，白色恐怖加剧，政治空气沉闷。许多人感到苦闷焦虑，有的甚至悲观失望。国民党的报纸便大肆渲染他们的“胜利”，甚至狂妄叫嚣要在三个月内“击破共军主力”等

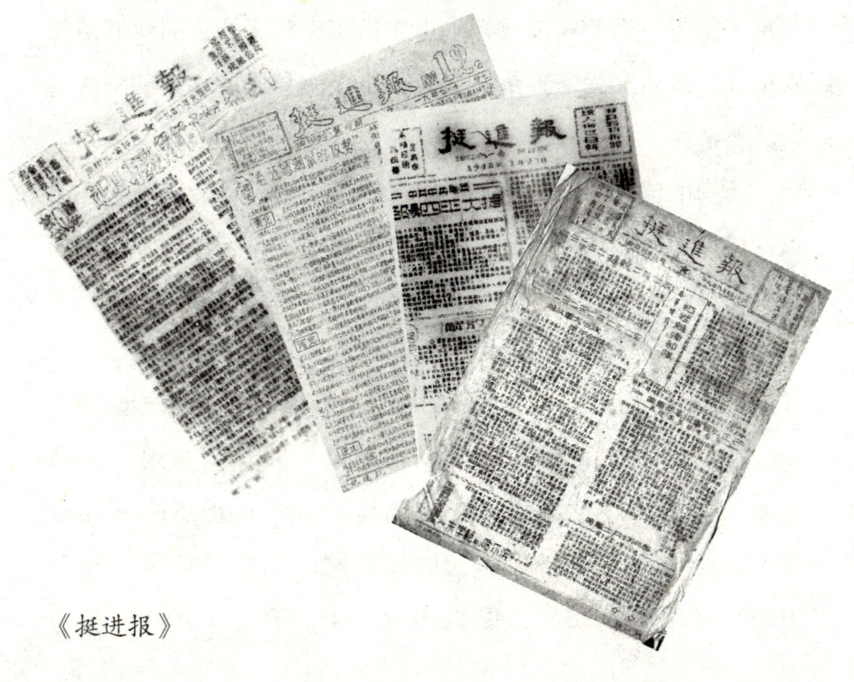
挺進報
挺進報
挺進報
挺進報

《挺进报》

《彷徨》新一期封面

等。地下党的同志和进步群众渴望听到党的声音，迫切需要了解解放军作战的情况，以拨开乌云，肃清谣言。

这时，几个失掉组织联系的党员和进步青年，利用香港地下党组织寄到重庆《彷徨》杂志的新华社通讯稿，将上面有关我党我军在全国各战场的消息，手写复制成若干份，在地下党员和进步群众中间秘密传播。

这份传单，在地下党员和进步群众中深受欢迎，引起了中共重庆地下市委的高度重视。市委指派当时有社会职业的四川省银行经济研究处研究员、一直从事学运和民盟工作的刘国鋕去了解情况。

在弄清情况并接上关系后，重庆市委根据形势的需要，决定以这份无名小报为基础，出版市委的地下机关报，并取名为《挺进报》。

就这样，作为党的隐秘喉舌和地下斗争的舆论武器，《挺进报》和整个重庆地下党组织的命运紧紧地联系在了一起。

1947年，《挺进报》的发行对象主要是川东地下党领导和管辖的地下党组织及进步团体，并通过地下交通秘密传递，形成了一个严密庞大的发行网络。有的地区，如合川、垫江等地，还专门组织力量翻印出版。在公开的《新

华日报》被迫撤出重庆后，《挺进报》又担负起了教育民众、鼓舞斗志的使命，被人们看成是国统区的“小《新华日报》”。

其实，在1947年年底以前，敌特方面已经通过邮检发现了《挺进报》，并扣押了不少，但并没掌握什么实际线索，也就没有花很大的力量来对付。真正让特务们认真注意到《挺进报》的，正是这份报纸在发行对象上的调整。

从第15期起，《挺进报》开始对敌人采取攻心行动，不仅有针对性地增加了对国民党军警宪特、党政要员的警告内容，而且将报纸直接寄发给了敌特机关。

在这一期的报眼上刊出了《坏人悔过自新，准许将功折罪》的标题，甚至发表了《劝告蒋军军官》这样的文章，文中写道：“现在摆在你们面前有两条道路：一条是争正义、争民主、争自由，本着良心做人的道路，一条是误民族、误自己，昧良心做人的道路……”

再如，1947年3月12日的第16期上，以《放下武器可以分地》为题，劝告蒋军不要为反动政府卖命，介绍我东北解放区土改的内容；1947年4月12日的第19期上，发表了《重庆市战犯特务调查委员会严重警告蒋方人员》等文章。

这些文章对于动摇国民党的军心、瓦解军警宪特起到了极大的作用，但这样高密度的类似文章，也引起了敌特的高度关注。

除内容外，发行对象的扩大，可以说，更是直接将危险引向自身的冒险之举。

《挺进报》向国民党军警宪特和党政机关的大量寄发，使敌人大为震惊和恐慌。他们没有想到，在中共四川省委和《新华日报》撤走后，重庆的地下共产党竟然还有这样大的活动能量。这同时也说明，重庆的地下党肯定还有更为庞大的秘密网络，《挺进报》无疑是这张网络的有力引线。

有一次，陈然用一些官僚资本开设的大商号的信封装《挺进报》，并在这些商号附近的邮筒投寄，敌人很快根据这些线索对几家商号进行了大搜查。

又一次，陈然打听到有几个学校被三青团分子操纵、把持，一贯压制进步的学生，他便有意把《挺进报》带到这几个学校周围的邮局集中投寄，又引来了敌特对学校的一番搜查。

应该说，这已经传递出了敌特注意的危险信号，但陈然等人却没有予以足够的注意。然而，我们要说的是：在那个特殊的年代，选择了追随革命的信仰，就意味选择了随时可能发生的危险，就像入党誓词里说的“随时准备为党和人民牺牲一切”。陈然已把《挺进报》看作挺进敌人心脏的利剑，也就将个人的安危置之度外了。

有一次，陈然居然弄来了几个美国新闻处的信封，装进了《挺进报》，这期报纸竟然通行无阻，其中一份直接到达了重庆市市长杨森的办公桌上。杨森气得暴跳如雷，大骂特务们是“饭桶”。

真正让特务们暴跳如雷、下大决心采取行动的，是《挺进报》另一次更大胆的发行。

国民党军事委员会副参谋总长，当时的蒋介石重庆行辕主任朱绍良，在办公室竟然也收到了一份《挺进报》。他大发雷霆，立即召开党、政、军、警、宪、特首脑会议。在会上，他劈头盖脸对徐远举一顿训斥。

朱绍良要求徐远举一个月内必须破案，否则让他拿着《挺进报》去南京自己说清楚。

徐远举是国民党军统中的得力干将，在重庆屡次破坏地下党组织，由上校提拔为少将。解放后，他在《血手染红岩》的交代材料中这样写道：

徐远举《血手染红岩》

限期破案对我来说是一个沉重的压力，顶头上司的震怒、南京方面的责难使人感到有些恐慌，也有些焦躁不安。当时特务机关的情报多如牛毛，但并无确实可靠资料，乱抓一些人又解决不了问题，捏造、栽赃又怕暴露出来更麻烦，我对限期破案不知从何下手，既感到愤恨、恼怒又感到束手无策，但在无形战线上就此败下阵来又不甘心……

★ “红旗特务计划”破坏《挺进报》

在“限期破案”的压力下，徐远举坐卧不安，绞尽脑汁，苦思冥想，他认为采取守点跟踪、突击检查完全是大海捞针、无的放矢，要破坏共产党组织，只有从内部打开缺口，堡垒最容易从内部攻破。

于是，徐远举制订了一个“红旗特务计划”，所谓“红旗特务”，就是让一些训练有素的特务伪装成进步人士，混杂于学校、书店、厂矿、商店等，搜集蛛丝马迹汇总分析，然后有

目标地进行侦破。

那么，《挺进报》内部缺口是怎样被打开的呢？这个红旗特务又是谁呢？

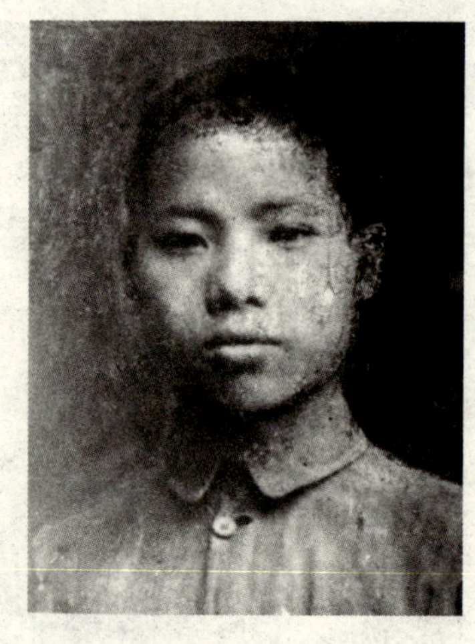

陈柏林

当时，18岁的地下党员陈柏林在重庆民生路的文城出版社书店做店员。此前他曾失业，住在重庆江北的草堂国学专门学校，与该校的学生姚仿桓认识，但他并不知道姚仿桓其实是军统重庆站渝组组长李克昌手下的军统通讯员。姚仿桓发现陈柏林带有《挺进报》后，立即向李克昌汇报，李克昌叫他不要打草惊蛇，企图“放长线钓大鱼”，同时派出另一个红旗特务曾继纲伪装成失业青年去接近陈柏林。

曾继纲对陈柏林说，自己是因发表不满言论而被重庆大学开除的学生，到书店里来看书学习是为了完成自己的学业。曾继纲从早到晚看书，几乎废寝忘食。几天下来后，陈柏林觉得，这是一个追求进步的青年，于是就把一本夹有《挺进报》的书故意放在他的身边。曾继纲看见《挺进报》后，装作兴奋不已，还主动索取报纸，并和陈柏林讨论报上的内容，甚至煞有介事地将自己的衣物卖掉，要帮助陈柏林扩大书店。

曾继纲的种种假象果然使陈柏林上当受骗。

于是，当陈柏林的上级任达哉来到书店时，陈柏林汇报了曾继纲的情况，希望能够把他发展为外围组织成员，协助自己在书店开展《挺进报》的发行工作。任达哉在未经过组织批准同意的情况下，擅自做主，决定对曾继纲进行当面考察。

1948年4月1日，陈柏林、任达哉在约定地点与曾继纲见

面，被特务一举逮捕。

地下党就此被打破缺口，而叛徒的出卖，则使这样的缺口越撕越大，危及整个川东地下党的《挺进报》事件发生了。

被捕的陈柏林悔恨万分。他万万没有想到，曾继纲竟然是一条卧底的毒蛇。除了后悔，陈柏林反而坚强起来，尽管被打得死去活来，也绝不承认敌人的指控，直到后来为自己的信仰付出了年轻的生命。

一同被捕的任达哉却经不住敌人的威逼利诱，最终背叛了自己的信仰，供出了所知道的全部情况……成为《红岩》里的第一个叛徒原型。

那么，此刻的陈然是否知道危险已步步逼近，他又是如何被捕的呢？

根据叛徒任达哉提供的情况，徐远举在重庆全城开始了对地下党组织的大破坏、大逮捕。情况万分紧急，《挺进报》相关人员被地下党组织通知紧急疏散和撤退。

陈然也接到了这样的通知。

1948年4月22日，陈然突然收到地下党送来的告急信，一张小纸条上写着："江水猛涨，闻君欲买舟南下，谨祝一帆风顺。"看着这种在紧急情况下才能使用的暗语，陈然判断，肯定是什么地方出了重大问题。于是，他开始收拾好油印工具和相关物品，准备转移。

突然间，陈然又停了下来。会不会是在《挺进报》大量寄发给特务机关这方面出了问题呢？如果是，又会出在哪个环节呢？假如能提前把已经刻好的第23期《挺进报》印出来，再照样寄出去，起码会给特务一个《挺进报》还在发行的错觉，这会不会在一定程度上扰乱特务的视线，从而对党组织起到保护作用呢？于是，陈然果断地开始印刷第23期《挺进报》。

应该说，陈然这样做确实已经严重违反了规定。也许大家

还记得我们在讲述张露萍被捕时谈到，不少烈士都是在这种紧急情况下，在“明知山有虎，偏向虎山行”中被捕的。他们本来就冒着杀头的危险从事革命活动，心中始终充满着自己的理想信念。这种火一般的激情，让他们无时无刻不充满了责任感。同样，这时的陈然，想把《挺进报》再次挺进敌人心脏的责任感，远远超过了对个人安危的考虑。

当陈然印刷完报纸，装好信封，准备下楼去寄发时，突然听见母亲大声喊：“你们要干什么？”原来是特务要进屋检查，陈然立即意识到这个十分隐秘的据点已经暴露，党内肯定出现了叛徒。他立即返回阁楼，迅速将写有《挺进报》各发行据点的名单全部撕碎，放在嘴里嚼烂，然后和着水吞了下去。特务冲上楼来，仅仅查获了油印工具和刚刚印好的《挺进报》。

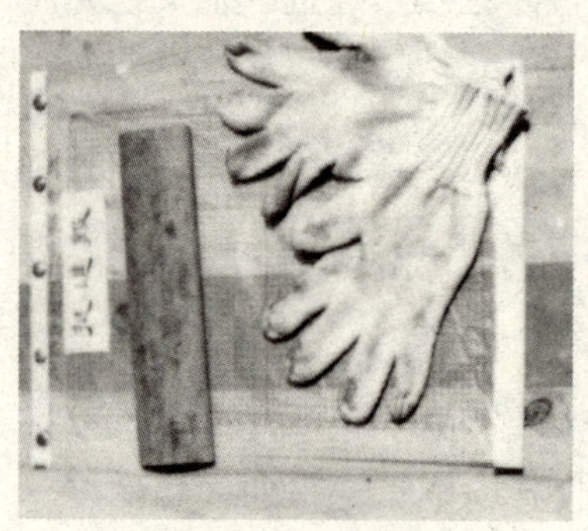

陈然刻印《挺进报》的工具

陈然被捕了。

等待他的，将会是怎样的考验呢？

笑对生死，慷慨就义

陈然被捕，《挺进报》印刷据点被破获，令徐远举喜出望外。他决定亲自审讯陈然，企图从这里打开更大的缺口，从而加大对地下党组织的破坏“战果”。

解放后，被人民政府抓获的徐远举写了一份《血手染红岩》的交代材料，材料中说：陈然给他的第一印象是态度非常沉静，“娴静得像一个大姑娘一样”。但两人一交锋，徐远举不得不承认，“陈然不好对付，斗争非常英勇”。

审讯室里，徐远举看着陈然连连摇头，他实在不能相信眼前这个“大姑娘一样”的年轻人，就是地下党《挺进报》机关的特支书记。那张搞得他焦头烂额的《挺进报》就是从他的手里弄出来的？

交锋才刚刚开始，徐远举在心理上已经输了三分。

徐远举问：“你就是陈然？把你的组织交出来吧！”

陈然回答：“办报是自由职业，有什么组织不组织，不让办，不办就是了。”

“好一个自由职业！谁叫你办的？”

“办报有什么罪？有这么严重。”

“你办报，为什么不登记？为什么偷着办？老实告诉你，你的全部材料，已经有人交了出来，你还不交出组织？”

“没有登记，现在登记也不迟。既然已经有人交出了材料，那还要我交什么材料！”

一来二往的针锋相对，让徐远举觉得，这个年轻人不好对付。

徐远举吼道：“你在强辩！你知道这是什么地方吗？看你有什么本领不交出组织！”

陈然斩钉截铁：“不交又怎么样？”

“不交，就强迫你交！”

陈然冷笑道：“那，你就强迫吧！”

“好，陈然，你看着吧。是我听你的，还是你听我的。”

陈然嗤之以鼻：“你这个土匪流氓，根本就没有资格问我的话！”

徐远举咆哮：“你不要嘴硬，你知道为什么能够发现你，怎样把你抓住的吗？我告诉你，你们《挺进报》的情况我们都搞清楚了，你们组织内的人与我们非常合作，你不要自讨苦吃啊。”

听着这话，陈然立即断定：党内果然出了叛徒。可是，叛徒是谁？又是哪个环节出了问题呢？他无法判断。但是有一点必须肯定，决不能让敌人从自己口中得到什么线索。于是，陈然冷冷地对徐远举说：“我没有什么可以告诉你的，如果有人跟你合作，那你去问他好了。”

徐远举没有想到陈然如此强硬，不禁恼羞成怒，下令对陈然动用刑罚。

特务把陈然吊起来用皮鞭抽，然后让陈然跪在地上，两个人拉住他的手往后扯，一个特务在他膝关节后压上木棍子使劲地踩压。陈然昏死过去，却没有说出一个字！

特务没有想到的是，刑罚对陈然无济于事。

在刑罚面前的陈然，被折磨得一次次昏死过去。但他坚守着自己的誓言，始终没有透露半个使特务感到有希望的字，始终没有损害任何一个同志和朋友。

黔驴技穷的敌人，只好将陈然关押到了白公馆监狱。

在白公馆监狱，特务一直使用各种威逼利诱的手段试图让陈然交出组织和《挺进报》的发行情况，照样被严词拒绝。

前面说过，在白公馆和渣滓洞殉难烈士中，陈然是受刑最重却表现得最为英勇的战士。他强忍刑罚后的巨大伤痛，甚至从不在难友面前哼一声。他这样告诉难友：“在敌人的严刑拷打下，革命者靠的是意志和对党、对人民的忠诚。”他曾经告诉一位同志，他想写一首诗，题目是《假若没有了我》，大意是：地下党员参加革命早已把生死置之度外，毒刑拷打、死亡威胁算不了什么；我们要保持革命气节，勇敢地战胜敌人，坚信中国人民革命事业必将成功！

后来脱险难友根据回忆将诗句整理了出来，这就是前面我们引用的那首著名的黑牢诗篇《我的自白书》。

1949年10月28日，重庆解放前的一个月，保密局对陈然等

10名革命者宣判死刑并押赴刑场执行。在生命的最后一天，陈然在敌人的法庭上，居然认识了和自己神交已久却从未谋面的生死战友。

这又是怎么回事呢？

《挺进报》特别支部与电台特别支部都是单线联系、互不往来的。陈然在印报时发现，每次从组织上转来收录的电讯稿都是字迹工整、一丝不苟，有时文句中断了，还在句子后面打上省略号，并注明原因。陈然被这种认真的工作态度深深吸引了。他很想给这位同志写封信向他表示敬意，但上级考虑到地下工作的纪律，没有同意他的这个想法。在陈然的多次恳求下，上级允许他只写一两句简单的话，不准签名，并由组织转交。陈然考虑了很久，想写的实在太多，最后却只写了一句："致以革命的敬礼！"几天后，他收到这位同志的回信，也是简单的一句话："紧紧地握你的手！"同样没有签名。

这位同志究竟是谁呢？

其实，他就是和陈然被关在白公馆监狱同一间牢房的成善谋，但是考虑到狱中的特殊环境，他们都没有互相谈论过自己的情况，直到最后一天，当国民党法官宣判成善谋负责编辑、陈然负责印刷发行《挺进报》的"罪名"时，两人才知道与自己关在一起的竟是长期合作但从未见面的战友。

成善谋

陈然激动地说："紧紧地握你的手！"

成善谋回答："致以革命的敬礼！"

两位早已知心的战友，在判决自己死刑的反动法庭上，竟然不顾一切扭转身去紧紧地互相拥抱！

并不知情的法官张界被这一突如其来的场面吓得不知所措，他急忙大叫：“赶快推上刑车，押赴刑场！”

陈然指着张界怒斥道：“今天，你们宣判我们的死刑，将来，人民一定要宣判你们的死刑！”

这就是陈然，在生命的最后时刻，依然以胜利者的姿态傲视敌人。因为，在一个有坚定信仰的共产党员看来，信仰的方向始终朝着未来，始终充满着希望。在那个黑云压城的时代，信仰就是坚信：胜利一定属于我们自己！

也正因为有了这种胜利者的信仰和姿态，在刑场上，陈然更是为我们留下了气吞山河的一幕：

就在行刑的瞬间，陈然突然转过身来，面对刽子手，高声说道：“你们有种的话，就朝我的正面开枪！”

场面凝固，行刑队冲上前去，硬是将陈然打倒在地，几乎是抵着他的背心开枪射击。陈然英勇殉难，年仅26岁。

又一个壮怀激烈的生命，为我们诠释了信仰的力量。

★气节与信仰

为什么陈然能在狱中写下那么壮怀激烈的《我的自白书》？为什么他能以那么坦然的姿态笑对生死？构成这位坚强战士生命意志的特殊材料在哪里？

我一直想在烈士的遗物中去认真探寻。后来，我们在1946年的《彷徨》杂志上找到了以陈然名义发表的一篇名为《论气节》的文章。

文中，陈然这样写道：

> 气节是中国知识分子优良的传统精神。
>
> 什么是气节？

就是孟子所说的“富贵不能淫，贫贱不能移，威武不能屈”的这种磅礴天地的精神。

……

在平时能安贫乐道，坚守自己的岗位；在富贵荣华的诱惑之下能不动心志；在狂风暴雨袭击之下能坚定信念，而不惊惶失措，以至于“临难勿苟免”，以身殉真理。

陈然是这么说的，他也是这么做的。

所以，我最后想说的是：一首《我的自白书》，一篇《论气节》，构成了陈然烈士坚强信仰的基础，也成为红岩革命志士用生命为我们留下的又一份宝贵遗产。这样的气节与自白可以超越时代，超越生死，久久地激荡在历史的星空。

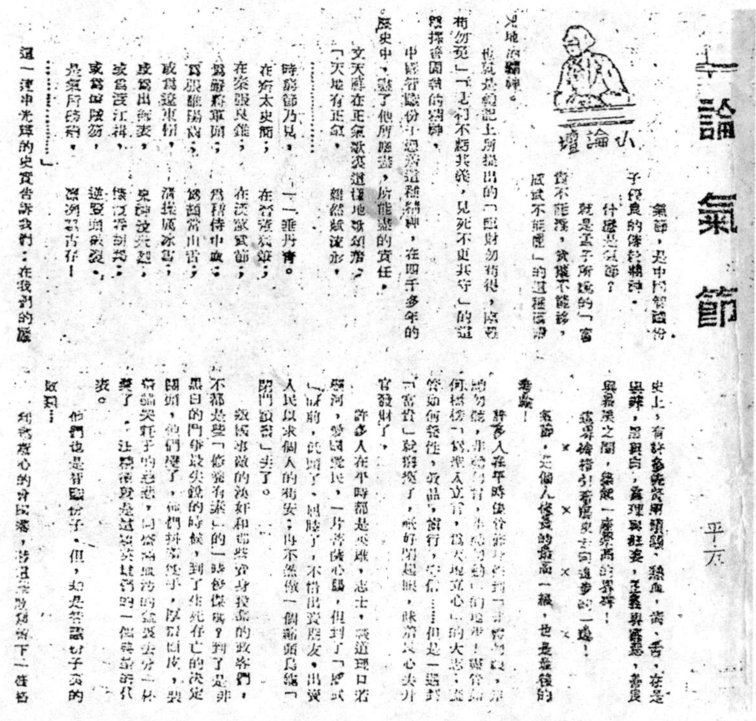

小論壇

論氣節

平方

氣節，是中國智識份子優良的傳統精神。

什麼是氣節？

就是孟子所說的「富貴不能淫，貧賤不能移，威武不能屈」的這種磅礴天地的精神。

也就是論語上所提出的「臨財勿苟得，臨難苟勿免」「士可不殺其辱，見死不更其守」的這種操守堅貞的精神。

中國智識份子憑這種精神，在四千多年的歷史中，盡了他所應盡，所能盡的責任。

文天祥在正氣歌裡這樣地歌頌着：

「天地有正氣，雜然賦流形。

…………

時窮節乃見，一一垂丹青。

在齊太史簡，在晉董狐筆；

在秦張良椎，在漢蘇武節；

為嚴將軍頭，為嵇侍中血；

為張睢陽齒，為顏常山舌；

或為遼東帽，清操厲冰雪；

或為出師表，鬼神泣壯烈；

或為渡江楫，慷慨吞胡羯；

或為擊賊笏，逆豎頭破裂。

是氣所磅礴，凜冽萬古存！

…………」

這一連串光輝的史實告訴我們：在我們的歷史上，有許多先賢用頭顱，熱血，齒，舌，在是與非，黑與白，真理與狂妄，正義與邪惡，善良與醜惡之間，樹起一座崇高的界碑！

這界碑指引着歷史走向進步的一邊！

× × × ×

氣節，是個人修養的最高一級，也是最後的考驗！

許多人在平時侃侃[illegible]到「非禮勿[illegible]，非禮勿聽，非禮勿動」的道理！講什麼[illegible]「[illegible]立言，為天地立心」的大志；講修身如何養性，敦品，篤行，守信……但是一到「富貴」就搖擺了，祇好閉起眼，昧着良心去升官發財了。

許多人在平時都是英雄，志士，講道理口若懸河，愛國愛民，一片菩薩心腸，但到了「威武」面前，就跪了，屈膝了，不惜出賣朋友，出賣人民以求個人的苟安；再不然像一個縮頭烏龜「閉門讀書」去了。

殺國害民的漢奸和那些賣身投靠的政客們，不都是些「修養有素」的一時俊傑？到了是非黑白的鬥爭最尖銳的時候，到了生死存亡的決定關頭，他們變了，他們[illegible]，[illegible]，要[illegible]了，[illegible]

他們也是智識份子，但，如是智識份子的敗類！

[illegible]

陈然《论气节》

第四讲

母子同心写传奇

——红岩烈士王朴和他的母亲金永华

一位母亲，为了支持儿子的革命事业，毁家纾难，变卖了辛苦经营半生的全部家产。新中国诞生前夕，儿子却惨遭国民党反动派杀害。重庆解放后不久，新中国政府的一个工作组，奉西南军政委员会刘伯承、邓小平二位首长之命，归还她2000两黄金的银行存票，她却当场退回，并说出了一段流传甚广的“三个应该”和“三个不应该”。她84岁高龄加入中国共产党，92岁高龄无疾而终。

1950年初春的山城重庆，新生的人民政权刚刚建立，百废待举。然而，在一片繁忙之中，奉西南军政委员会负责人刘伯承、邓小平的指示，市政府却派出了一个专门工作组，直奔几十公里之外的江北县静观乡。

他们去做什么？还有什么事情比眼下的社会重建、经济恢复、组织建设等重大任务还要紧急的呢？

在江北县静观乡的一所宅院里，市政府的工作组代表将一份烈士荣誉证书和2000两黄金的银行存票郑重地交给一位慈祥、硬朗的50来岁的妇女。她却只接过那份烈士荣誉证书，而将银行存票当场退了回去。

这位妇女是谁？她的烈士儿子是谁？那2000两黄金又是怎么回事？

这一讲，我要向大家讲述的就是红岩烈士王朴和他可钦可敬的母亲金永华的故事。

人如其名，王朴烈士单名一个朴字，始终对党、对革命保持着最纯洁、最朴实的信仰。母亲姓金，但是在儿子的正义事业面前，却能视钱财如草芥，仗义疏财，捐出了全部家产。

在义和利的抉择中，这对革命母子又为我们上了关于信仰的生动一课。

★贤母教子

1921年，王朴出生于重庆江北县一个富有的家庭。1926年，他的父亲王莲舫、母亲金永华带着5岁的王朴到日本做猪鬃生意。金永华从小读书，性格要强，成婚后操持家务、经营产业，使王家家业兴旺，在日本做了几年生意赚了好几万大洋。回国后，继续在江北县收购田产，发展农业，可以说是富甲一方。

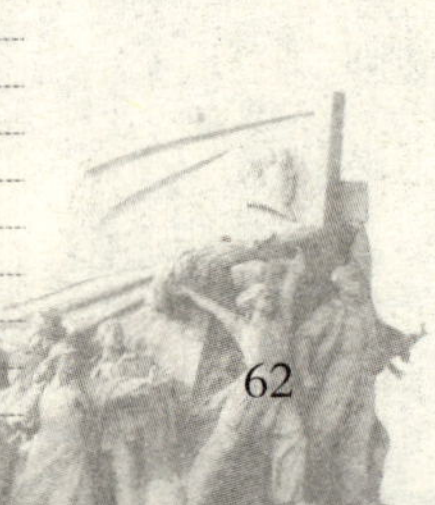

王朴生活在这个家庭中衣食无忧。

王朴

古人有云：先有贤母，后有忠信报国之士。我们的历史上流传着许多贤母教子的动人传说。革命烈士王朴，也有这样一位贤良而伟大的母亲。

为了搜集相关资料，我对烈士家属做过多次访谈，王朴的弟弟还是我读书时的老师，他给我讲过许多关于他三哥和母亲的故事。

王朴烈士的母亲金永华出生在一个富有的家庭，父亲曾做过清末四川总督赵尔丰的幕僚。金永华自幼聪慧过人，好学上进。辛亥革命后，新式学堂兴起，而此时的金家已家道中落，无力供她上学，她只好以给富家小姐伴读的身份到了成都益州女校学习。此时的成都，新文化新思想空前活跃：邹容的《革命军》、陈天华的《猛回头》和《警世钟》等进步著作在青年学生中广为流传。几年下来，经受新学的教育和新思想的熏陶，这位伴读的女学生竟然成了益州女校的冒尖才女。

聪明伶俐的金永华嫁到王家后，帮助夫家打理商业，王家的生意日益红火，业务一直拓展到国外。1926年，5岁的王朴随着经商的父母到了日本，并在日本上小学。

母亲自强奋发的故事，给王朴幼小的心灵很大的触动，成为他积极向上心态的重要源泉。

虽然客居异乡经营着生意，但金永华却一刻也没有放松对王朴的教育。除了中国古代的优秀诗文，金永华还常常给年幼的王朴讲苏武牧羊、岳母刺字、林则徐禁烟以及黄花岗七十二烈士等英雄志士的故事。经受民主思想洗礼的金永华知道，

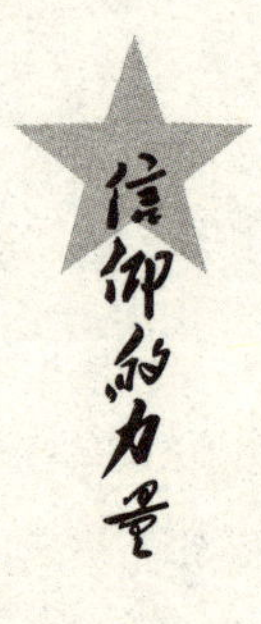

虽然旅居日本，但自己的根却在中国，与日本发达的工商业相比，特别是在日本霸权主义倾向日益显露的背景下，积贫积弱的中国振兴繁荣之路还任重道远，她特别希望儿子长大后能有所作为。

★人生转向

如果说，母亲的家庭教育让王朴养成了崇尚正义的朴实信仰的话，那么，真正投身于大时代背景下的民主运动，则是他这种自发信仰的完善与升华。

几年生意下来，王朴的父母在日本赚了7万大洋，回国后也是富甲一方。生活在这样的家庭中，王朴完全可以跟随父母的人生轨迹，成为一方富豪，或者走上实业救国的道路。然而，1941年复旦高中爆发的一个事件，却直接扭转了他的人生轨迹。

进入高中后，和当时的许多进步青年一样，王朴目睹内忧外患的现实，经常邀集三五知己，针砭时弊，讨论救国救民之道。当得知复旦中学校长颜伯华贪污受贿的种种劣迹后，王朴义愤填膺，勇敢地走上学校的周会讲台，向全校师生公开揭露校长侵吞公款、贪污学生伙食费的事实，要求校方公布账目，提出由师生代表组成伙食管理委员会等主张。这在当时有政府官员支持的校长看来，简直就是大逆不道的造反。

王朴的仗义执言触怒了校长颜伯华，在毕业前夕，王朴与几个反对校长的同学一起被开除了学籍。

也正是由于这次事件，年轻的王朴开始思考：个人的前途在哪里？国家又将往何处去？王朴觉得，应该从更为广阔的社会背景中去寻找答案。

于是，被开除的王朴和几个有相同经历的同学开始在家中

自学。自学，带来了思想和行动上的自由。他们买来了《资本论》、《联共（布）党史》、《马克思传》和鲁迅、莎士比亚的作品以及其他能够买到的进步书刊，一种要求改变社会现实的使命感和共产主义理论与中国共产党的抗日救国主张产生了对接，王朴开始了认识、认同和自觉信仰共产主义的探索。我的老师，王朴的弟弟王容曾经告诉我：哥哥十分喜欢读《资本论》，爱不释手，而且读了好几遍，他还经常给母亲读书中的内容，并且把自己读书的体会讲给妈妈听，妈妈也总会不厌其烦地听哥哥讲。哥哥读书的那种劲头给王容的印象是非常深刻的。

1944年，王朴考入了重庆北碚的复旦大学读书。这成为王朴革命生涯的一次重要转变。

此时的复旦大学，精英荟萃，名流毕至，学子云集，进步思想极为活跃。中共中央南方局顺势而为，在复旦大学设立了据点，发行党的《新华日报》、《群众》周刊，并逐步发展起了地下党组织。这在经历被学校开除风波的王朴等人看来，好似大海中的一叶孤舟找到了前进的方向。由于王朴熟读过《资本论》，而且能够运用书中的观点联系社会实际进行分析，讲出自己的观点，所以，在学校的进步读书会中，他小有名气。许多同学也因为喜欢听他讲《资本论》而参加了读书会，使地下党在复旦大学的据点形成了坚实可靠的学生基础。

《群众》周刊

有了明确的方向指引，就会有实际的行动。

在党组织的培养教育下，特别是在南方局青年组的指导下，王朴从家中要了一些钱，连同自己的生活费，开始参与筹办一份反映和引导青年学生正义呼声的报纸。他秘密往来于各个学校之间，并与各校的进步团体建立了单线联系，同时传送学习资料，相互沟通情况，秘密组织稿件。1944年12月22日，四开铅印的小报《中国学生导报》正式创刊。这份报纸名义上由学生自发创办，实际上处于南方局青年组的秘密领导之下，每周一期，以反映国统区学校的文化生活、促进学生民主运动、团结进步力量为主要内容，被认为是国统区有效打破反动独裁和文化专制的《新华日报》学生版。

王朴对革命事业的忠诚信仰和杰出的协调活动能力，得到了党组织的信任。

1944年12月底，日军打到了贵州的独山，严重威胁到战时首都重庆的安危。毛泽东致电重庆的中央南方局，要开展大后方农村工作，建立据点，为开展抗日游击战做准备。南方局负责人周恩来随即决定，要求国统区的地下党组织，动员革命青年学生到农村去，扎根群众之中，使自己社会化，为争取抗战胜利和未来的民主政权而奋斗。

党中央这个决定的现实意义是：假如日本人打进了大后方，我们可以在农村组织开展游击斗争，如果日本人打不进来，也可以在农村形成我们掌握的革命力量。

王朴在复旦大学新闻系时的留影（时年23岁）

当地下党决定派遣青年回到农村创建秘密据点时，正在复旦大学读书的王朴成了最优秀的人选之一。他被地下党派遣回到了江北县老家，为党开辟新的工作

据点。

那一年，王朴23岁。

党组织主要基于三点考虑：一是王朴在进步活动中的杰出表现；二是重庆江北有广大的农村，便于建立统战工作和联络工作的可靠据点；三是王家在当地富甲一方，想动员他的母亲为我们办一所学校，一来为地下党开展农村工作提供公开合法的身份，二来也可以为党培养后备干部。

对于党组织交给自己的这个艰巨任务，王朴表示坚决服从。但是，创办一所学校，而且是有这种秘密而危险任务的学校，母亲会不会答应呢？毕竟父母挣下这份家业并不容易。

★毁家纾难

1945年7月，回到老家的王朴，与母亲做了一次长谈，提出了想创办一所学校的想法。当然，王朴并没有说出创办学校的秘密意图。王朴以自己在外几年读书的经历，分析了学校教育的种种弊病，进而向母亲提出，希望办一所从理念到内容都有所创新的学校。母亲金永华问他怎么个新法？王朴说：一是要培养学生关注国家前途命运，为社会培养实用型人才；二是要培养学生有革命的意识，在关键时刻要勇于为国家民族做出奉献。

一向特别喜欢这个儿子的金永华，非常赞赏王朴的想法，爽快地出资30两黄金，将复兴乡李家祠堂买下，办起了莲华小学，南方局青年组派出30多人参与工作。抗战胜利后，为使学校合法化，王朴又动员母亲再次投资买下迁回天津的志达中学的牌子和机构，新办了一所志达中学。金永华出任董事长，王朴担任校长。

1946年3月，以这些学校为掩护，地下党在学校建立了江

王朴主办的志达中学旧址

北农村工作组，同时，正式批准王朴加入了中国共产党。后来，王朴又担任了中共江北县特支委员、江北县工委书记、重庆北区工委宣传委员并兼管统战工作，成为重庆地下党组织的基层领导人之一。

王朴和他的母亲没有让组织失望，这所学校不仅成了革命工作的据点，也成了进步青年成长的摇篮。我曾研究过莲华小学和志达中学的校史，解放前的几年间，这里培养出了30多名共产党员，如同“莲华”和“志达”这两个颇具象征意义的校名一样，他们出淤泥而不染，身处白色恐怖，却始终胸怀高远的志向，坚守着光明的信仰。其中的李青林、齐亮、马秀英、王敏还成了为革命英勇捐躯的红岩烈士；两所学校的绝大部分党员和进步青年在解放后走上了建设社会主义的各级领导岗位。

为了引导教育母亲更多、更有效地支持革命，王朴让母亲订阅了《新华日报》和《群众》周刊，还把学校的地下党员介绍给母亲，从而加快了母亲的思想进步。

为了保证经费开支上的安全，王朴按照地下党的指示，在

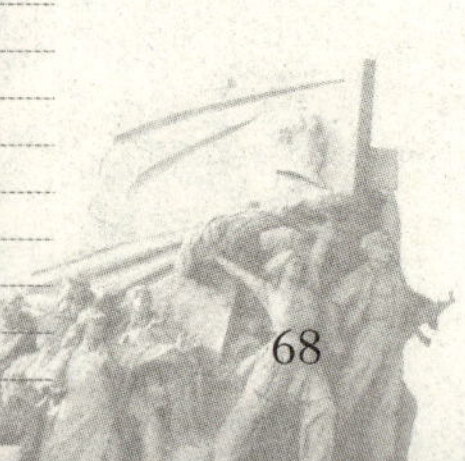

母亲出资支持下，又在重庆城内开办了一所南华贸易公司，作为储备和管理地下党活动经费的一个据点。

其实，这只是当时地下党领导下为革命筹措经费的众多据点之一。我在长期的研究过程中发现，红岩丰富的革命历史档案中，除了革命烈士抛头颅、洒热血的英勇斗争外，还有许多在经济战线秘密为党工作、为党搞经费的动人事迹。

大家知道，当时的共产党还不是执政党，没有固定的经济来源。国统区的地下斗争更是如此，迫切需要“地上”合法的经济活动为革命筹措大笔的经费。

正是出于这种需要，王朴和他的母亲金永华做出了一个无论是过去还是现在都让人们肃然起敬的举动——为革命将家产倾囊相赠！

这就是开篇我们说到的那2000两黄金的故事。

★2000两黄金

那是1947年，内战爆发，胡宗南大举进攻延安之际，革命处于极度困难的时期，地下党的经费更是捉襟见肘。王朴深知党组织的困难，希望自己的母亲能够给革命活动提供更大的支持，便向母亲说明了变卖部分家产借钱支持革命的道理和党组织的具体计划。

在我们今天看来，这样的举动真可谓义薄云天，但对金永华来说，这意味着自己将一夜之间从一个富裕的有产者变成一个真正的无产者。要知道，王朴家中还有一个残疾的妹妹和年幼的弟弟，尚有许多穷苦亲友需要接济。这位母亲也在面临着义与利的艰难抉择。

根据王朴的弟弟王容、哥哥王肃两兄弟回忆：1947年初春的一段时间里，经常看到母亲的房间整夜亮着灯，王朴在与母

亲彻夜长谈。

如果说，小时候是母亲的教育让王朴养成了崇尚正义的品性，那么，现在则是有崇高革命信仰的儿子开始做起这个善良、贤惠的母亲的工作。最终，向往光明的革命大义，让母子俩在碰撞中得到了信仰的融合与升华。

那些年亲眼目睹了国家动荡不安的现实，又在儿子身边耳濡目染，母亲相信，儿子是在从事一项正义的事业，儿子是在为大众办实事，儿子是在认认真真地办教育，儿子所从事的革命活动使她感到一种追求，一种努力，一种执著。那么，为儿子所从事的革命提供经济支持，乃至毁家纾难，都是一个母亲责无旁贷的义务和责任。

金永华老人在解放后回忆说："从创建莲华开始到迎来解放，正是通过我的儿子长期耐心的启发教育和直接引导，我才树立起了坚决跟着共产党走的信念……王朴不仅是我的儿子，而且也是我解放道路上的一个最重要的老师。"

金永华已经做出了决定，现在她要做的是其他家人的工作。

有一天，金永华把自己的几个子女叫到自己的书房，对他们说了这样一个观点：我和你父亲出国做生意、回国办产业、扩大田产，挣了不少钱，钱用于社会、用于大众那是办好事，钱留给儿孙只知道花、用，那就是取辱，所以你们要知道这钱只能够用得其所，有意义，人不能够成为钱的奴隶！有钱就应该用在有意义的地方！我想，我把部分家产都用于办学校，教育培养更多的人，让更多的人能够读书、学习，这样更有意义。

母亲的开明豁达、光明磊落和爱国热情，与儿子对共产主义理想的坚定、对革命的忠诚交织在一起，他们产生了更多的共同语言和认识。因此，在地下党需要更多经费开展活动的关

键时刻，儿子向母亲坦陈了自己的政治观点，讲明了自己是共产党员。而母亲没有被白色恐怖下儿子的共产党员身份所吓倒，出于对儿子人品和行为的信任，出于对儿子身边共产党人的正义的认同和理解，出于对儿子是一个对社会、对人民有责任心的人的判断，她同意变卖家中田产，借钱给地下党。

得知王朴已经做通母亲的工作后，川东地下党临时党委书记王慕斋指派齐亮和黄颂文二人代表组织，来到王朴家中进行商谈，最后达成三条协议：一是变卖王家在巴县、江北县的田产，得来的款项存入银行，借给地下党，以后如数归还；二是莲华小学完全由党组织接管；三是把王朴的弟弟妹妹送到也是地下党领导的育才中学读书。王慕斋还以上级党组织负责人的身份同金永华见了面，并以代号打了借条，相约以后凭借条归还借款。

就这样，王家分布在江北县的复兴、悦来、仙桃、静观等地和巴县的鹿角、长生等地的田产先后卖掉了1480多石，折合黄金总计2000两，重庆的地下党有了一笔相当可观的钱款。

变卖家产的王朴一家，几乎一夜之间从富甲一方的有产者，变为了一个无产者。但与此同时，金永华也从一个同情、支持革命的母亲，转变成了一个和儿子站在一起的真正的革命者，地下党可敬可钦的“金妈妈”。

我们的传统文化从来不缺乏“钱财如粪土，仁义值千金”的可贵价值观，当这种价值观与白色恐怖中随时可能付出生命危险的举动联系在一起的时候，我们不能不说，这已经升华为一种追求真理与正义的崇高信仰！

有了这笔经费，川东地下党组织迅速在重庆市区筹建了一个贸易公司，并由王朴任经理，同时还从学校抽调了几个党员到这里担任会计和办事员。与此同时，南华贸易公司也以王朴家卖田的款项做资本，以做生意为名，向川东各地的党组织提供活动经费。

信仰的力量

这样一来，连同先前创办的莲华小学、志达中学和《中国学生导报》，王朴建起了掩护地下党人员、培养革命干部、提供经费支持和传播革命思想的四个秘密据点。

被捕就义

那么，王朴又是怎样被捕入狱的呢？

事情出在王朴开办的南华贸易公司里。

1948年4月，保密局特务从一个参加游击起义被捕人员的包里查出了一张“南华企业股份有限公司”的支票。特务们调查发现，公司的经理是王朴，而且有明显的“共党嫌疑”。王朴就此被捕。

在狱中，特务们提出两条道路供王朴选择：一条是悔过自新，交代地下党的组织情况；一条是长期监禁。王朴的回答是：“我愿选择后一条！”语调是那样的自然而义正词严。因为王朴知道，自从参加革命，自从变卖所有家产开始，自己已经做出了回答。

刘国定

在狱中，王朴还编写了《怎样做支部书记》的学习材料，让难友们学习讨论，还与江姐一起组织同志学习《论共产党员的修养》、《新民主主义论》，把人间炼狱当作继续学习的学校和战场。

为了让王朴招供，特务将叛徒也就是王朴的上级、地下党市委书记刘国定带到狱中与王朴对质。刘国定试图现身说法劝王朴

“识时务者为俊杰”，让他把知道的组织情况交代出来，并承诺可以立马得到自由。而叛徒得到的却是王朴一记响亮的耳光，王朴怒斥刘国定“灵魂肮脏，人格下流”。

这响亮的耳光声中，一种坚守信仰、为保全组织不惜舍生取义的灵魂，与一种背叛信仰、见利忘义、贪生怕死的灵魂，形成了鲜明的对比！

1948年10月28日，王朴被公开枪杀在重庆的大坪刑场。母亲金永华是从国民党的报纸上知道这一消息的，她手拿登有儿子被处决消息的报纸，一个人在莲华小学的办公室里静静地坐着，心如刀绞。

其实，王朴被捕的消息她早就知道了，为了不影响老师、同学们的情绪，她对师生说王朴去香港做生意了。

现在报纸上都登出来了，说儿子是共产党，是政治犯。

她反复回忆儿子所做的一切：拿钱办学，开公司资助学校，宣传和平民主，帮助穷人上学……儿子有什么过错？国民党为什么对儿子这样残暴？即使有错，也罪不至死呀！

儿子办学校，普及教育，这是对社会有功德的事情，儿子变卖家产，开公司、做生意，这钱都是用在正道上的……母亲眼泪刷刷地流出，她咬紧牙关，不停地颤抖着双唇。她不想哭，她也不愿哭，她知道儿子不希望她这样。这位坚强的母亲决定化悲痛为力量，把儿子创办的这两所学校继续办下去，而且要办得比以前更好！

金永华从王朴的办公室里走出来的时候，看见全校的师生都静静地站在院里，她强忍着泪水对大家说：“你们的校长王朴不仅是我的儿子，也是我的老师，他教我明白了许多道理，你们放心，这学校我一定要继续办下去，我们共同努力，一定要把学校办好。”

★最后的交代

随后，金永华带着儿媳妇褚群悄悄地来到儿子殉难的大坪刑场旁边的坡地上，仿佛看到了儿子昂首挺胸、高呼口号、从容就义的壮烈情景，她觉得儿子是一个真正的人，一个值得母亲骄傲的人。她对王朴的妻子说：“小群，不要难过，我告诉你，从王朴被捕以后我就预感他回不来了，他从狱中带出了几句话，我把它转告给你，你要记住，这是你丈夫给你最后的交代。”在红岩革命历史博物馆，我们保存了王朴烈士带给妻子的这段话，王朴说道：

> 莫为我牺牲泪轻弹！党还有许多任务要交给你去做，你能“化悲痛为力量”也就是给我报了大仇！在今后漫长的革命道路上，你还年轻呢，记住：“你的幸福就是我的幸福！”给咱们的儿子起个名字叫“继志”吧，要让他长大成人，长一身硬骨头，千万莫成软骨头。让他长大了，真正懂得“继志”的含义。

王朴烈士之墓

这就是一个共产党人最后的交代。我们常常说到信仰，信仰究竟是什么？我相信，大家会从王朴烈士的最后交代中，明白这信仰的沉甸甸的分量！

1950年初，西南军政委员会首长刘伯承、邓小平等在听取了重庆市关于渣滓洞、白公馆遇难烈士被害及烈士家属抚恤情况的汇报后当即指出：重庆地下党之所以能够生存，解放工作之所以搞得如此出色，完全取决于我们党的统战工作基础，我们过去说过的话，答应过的事情，今天要逐一兑现。

于是，很快出现开篇我们讲到的那一幕：市政府的同志是带着2000两黄金的银行存票，到江北县金永华老人家中去归还当年的借款。老人只收下了那份记载着儿子生命价值的烈士证书，却当即退还了那2000两黄金的银行存票，连连摇头说："不，不，我不能收！"政府的同志说："这是我们按照当时的借钱协议归还的，这些钱本来就属于你……"

这位早年也是冒尖才女的老人想了一下，说出了一段广为流传的"三个应该"和"三个不应该"的名言，她说：

> 我的儿子参加革命这是应该的，现在要我享受组织的照顾是不应该的；我当时把家中田产变卖，把黄金借给地下党是应该的，现在要接受政府的归还是不应该的；作为家属和子女继承烈士遗志是应该的，而把烈士的光环罩在自己头上作为资本向组织伸手是不应该的。

在场的同志无不为之动容！儿子用生命诠释了信仰的伟大，而母亲却用这简短的"三个应该"和"三个不应该"对这种伟大的信仰做出了朴实无华而又动人心魄的阐述。

有必要在这里交代一下，解放后，金永华老人一直致力于妇女工作，在84岁高龄时，她和儿子一样，正式加入了中国共产

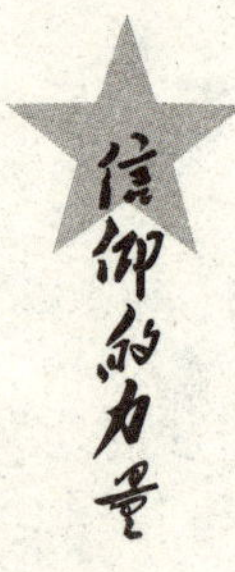

1984年5月，金永华以84岁高龄光荣地加入中国共产党

金永华在财产交接仪式上签字

党，完成了一个光荣母亲一生的夙愿。92岁高龄时，老人逝世。

王朴的儿子王继志，也人如其名，继承着英雄父亲的遗志，大学毕业后在南京一家科研单位从事技术工作，已经成长为一位对国家科学技术发展有贡献的专家。他每次来重庆，都要去烈士墓祭扫，我在和他数年的交往中，深深地记住他的几句话：父亲当年变卖了全部家产，没给我们留下什么遗产，但他给我们留下的精神遗产却是那样的丰厚，在金钱与信仰的天平上何以为重，在义和利之间我们该如何抉择，这样的财富，可以让我们子孙变得非常富有！

金永华去世后，她的子女根据母亲的遗愿，将她保存的王朴烈士的所有物品和她本人的一些书信、物品无条件地捐给了重庆歌乐山烈士陵园。我们收到这些文物资料以后，举办了一个展览，中央许多领导同志为展览题词作画，其中有一款是这样写的："光荣的儿子，伟大的母亲！"

可以告慰英灵的是，为了纪念烈士并继承他的遗志，重庆市政府多年前就把王朴母子创办的志达中学更名为王朴中学，而烈士老家的静观镇，已经发展成了中国知名的花卉苗木之乡，四季常青，鲜花不断。

第五讲

道是无情却有情

——红岩烈士刘国鋕

他出身富豪之家，却又很早从精神上和自己的家庭决裂；大学毕业之后，他放弃家人为他安排的优裕的人生之路，而去苦苦追求自己的理想；被捕入狱，家人上下奔走，反复营救，他却坚决不接受敌人的条件，连续放弃重获自由的机会，并笑对死亡。他就是小说《红岩》中刘思扬的生活原型刘国鋕。

刘国鋕

前面几讲，我们陆续讲到，信仰其实就是一种抉择：自由与囚禁、义与利甚至生与死的抉择。关键在于：你究竟选择了什么，以及如何做出这样的选择。

让我们把历史的记忆推回到1948年8月的一天，在戒备森严的特务头子徐远举的办公室，一位浓眉大眼、神情坚毅的青年男子被押了进来，早已等候在此的一位西装革履的中年男子立即迎上去，握住青年男子的手说道："七弟，徐处长已经说好了，只要你签个字，我就把你带到香港，然后送你到美国上学。"

"签什么字？"青年男子问道。

这时，身着将官军服的徐远举说道："这还不明白呀，只要你签个字，脱离共产党，我马上就释放你，就这么简单。"

面对亲人的保释，面对出狱的机会，面对出国学习的大好前程，这位青年男子却做出了这样的选择："我不去香港，也不去美国。正因为我是一个共产党员，就不应该玷污党的荣誉，我死都不怕，要我脱离共产党，办不到！"说完，他义无反顾地走出办公室，回到了白公馆监狱，直到一年多后被秘密枪杀。

这位青年就是我们要讲述的又一位红岩烈士，刘国鋕。

1949年11月27日，保密局已将刘国鋕列入屠杀名单，当刽子手到白公馆牢房提押刘国鋕时，他正趴在牢房的地板上写诗，刽子手冲进去，连推带搡地将他拖出牢房，押往松林坡刑场。在押赴刑场的途中，刘国鋕大声吟诵了他在牢房里没有写完的《就义诗》。解放后，根据叛徒、特务的交代和脱险志士的回忆，我们把这首诗记录在案：

同志们，听吧！

像春雷爆炸的，是人民解放军的炮声！

人民解放了，

人民胜利了！

我们——没有玷污党的荣誉！

我们死而无愧！

壮怀激烈，慷慨赴死，年仅28岁的共产党员刘国鋕在生命的最后一刻，留给我们的不仅仅是一首短短的、甚至不太像诗的《就义诗》，更是一篇信仰与荣誉的宣言！

松林坡大尸坑纪念碑

★好学早慧，志存高远

也许出于历史的巧合，但隐约之间，我们又觉得这具有一种象征意义：和张露萍、陈然同岁，刘国鋕也出生于中国共产党诞生的1921年。刘国鋕出生于四泸县一个大地主、大富豪的家庭，家中有田产千亩，还有盐号、瓷器公司和发电厂的巨

额股份。刘国鋕有哥哥、姐姐六人，他最小，排行第七，备受宠爱。家中希望他能够飞黄腾达，光耀门庭。

刘国鋕1939年在成都建国中学高中时的留影

1936年至1939年，刘国鋕进入了成都建国中学读高中。这正是中国内忧外患最为严重的时期，也是我们党领导的民主运动风起云涌的时代。耳闻目睹的种种现实，让这位富家子弟开始不断反思：为什么同班同学中，有的人锦衣玉食，而有的人却总是带着一个馒头、一个烧饼来充饥度日？为什么有的人可以一掷千金，而有的同学却连学费也交不起，被迫中途辍学？都是同学，都是人，为什么会有这种差别呢？

公平正义思想的萌芽，成为刘国鋕等进步青年孜孜以求、追随中国共产党寻找真理和答案的内在因素。

基于刘国鋕的这种内在要求，地下党领导的学校进步读书会吸收了刘国鋕，党的教育培养，让这位进步青年的先进“基因”茁壮成长。在读书会里，他读了艾思奇的《大众哲学》、列昂节夫的《政治经济学讲话》、杜德的《世界政治》、《思想方法论》以及《子夜》、《阿Q正传》等进步书籍，他甚至还买来外语版的《资本论》。这一切，让他脑子里装进了许多新的东西，促进了他的觉醒，推动着他去认识、分析他的家庭和中国社会。

我们从红岩革命历史博物馆保存的这一时期刘国鋕的家信中，明显地看到刘国鋕的思想变化轨迹：“这个‘家’是在旧社会垂死的身躯上的一个烂疮，它具有几千年遗留下来的溃烂性的毒质。”“它已经完全是一块脓血和腐肉。……我们要得

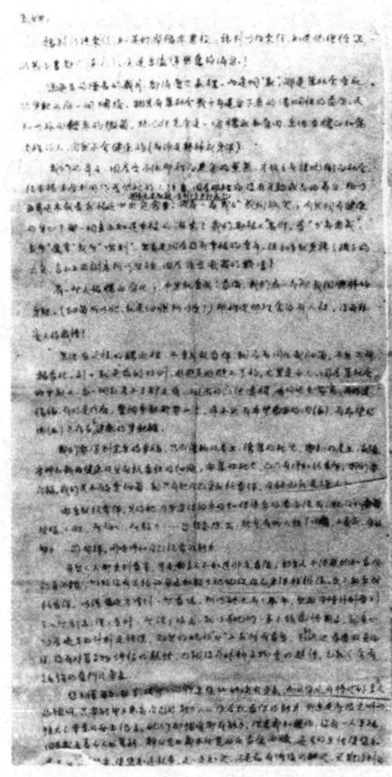
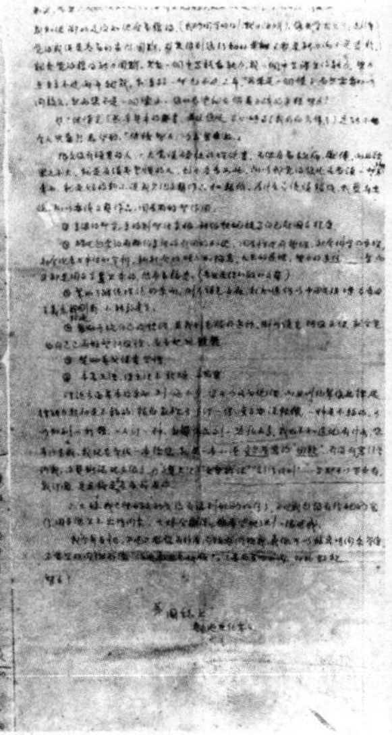

刘国铉寄给五姐的书信

刘国铉与家人的合影

到完全的幸福，只有让新的产生，让旧的死亡，要新的产生，就应当增加新的健康的具有抗毒性的细胞，要旧的死亡，也只有增加抗毒体。我们要自救，我们又不愿变细菌，就只有把自己变成抗毒体，自救也就是救人！要变成抗毒体，先得把自身遗传得来的和传染来的毒质除去，把自私虚荣、狭隘、胆小、无恒心、无毅力……等短处除去……”

刘国铉满腔热情地把希望寄托在新社会的产生上，他认为：“我们要得到完全的幸福，只有让新的产生，让旧的死亡。”这简直和著名作家巴金的小说《家》、《春》、《秋》的思想异曲同工。我认为：这也是后来刘国铉身陷囹圄，却断然拒绝家庭保释甚至放弃出国前途的思想根源。

★ 探求真理，救亡图存

1939年，刘国铉考入西南联大的叙永分校，也从此将个人命运汇入了滚滚向前的革命洪流。

在这里，怀着强烈爱国热忱的刘国鋕，除了大量阅读进步报刊外，还通过各种渠道了解抗日战争的情况，并运用他所学习到的马列主义理论和自己在历史、地理、经济等多方面的知识，开始有意识地分析国内外的重大事件和各种力量的变化。

我认为，在红岩烈士中，刘国鋕是既具有坚定的共产主义信仰，同时又具有深厚理论修养的杰出战士。

比如，当敏锐地认识到“美、英帝国主义害怕日本与德国勾结而有可能与日本妥协牺牲中国”时，刘国鋕发出了“中华民族已经到了千钧一发的时候！只有‘独立抗战，自力更生’”的急呼。

当他了解到国民党反动派消极抗日、积极反共时，义愤填膺，积极呼吁“反对内战，抗战到底”。

刘国鋕还认为：共产党不计十年围剿之仇恨，以国家民族利益为重而同国民党诚意合作，值得钦佩。

应该说，西南联大时期的刘国鋕已经初步完成了对共产主义信仰从感性认识到理性认识的升华，从自发反思封建家庭的“毒质”到自觉思考宏观社会背景，是党的教育和培养，让他真正地走向了成熟。

刘国鋕在西南联大的毕业照

1940年夏，地下党叙永分校支部根据刘国鋕的表现，批准了他的请求，刘国鋕成为一名正式的共产党员。后来他的组织关系被交到了中共中央南方局，按照南方局青年组的指示，他继续在学校通过读书会团结进步学生，宣传坚持抗

战，坚持团结，坚持进步，反对投降、分裂、倒退，为党组织在学校建立了可靠的工作据点。

1944年，根据形势发展的需要，党中央向南方局发出指示：组织、动员革命青年到农村去，开展组织群众、发展群众、建立据点的工作。从西南联大叙永分校毕业回到重庆的刘国鋕主动向组织提出请求，要求到农村去，到最艰苦的地方去。南方局答应了他的请求，派他到云南陆良县一所中学，以数学教师的身份开展隐蔽工作。

而此时，刘国鋕的家人已经为他大学毕业后的人生设计了非常好的发展之路：一是让他到国民党资源委员会——这个许多人都梦寐以求的单位去工作；二是出国留学深造，他的哥哥、川康银行和沱江公司驻重庆办事处的主任刘国锳，也是当时四川省建设厅厅长何北衡的女婿，早已为他出国准备好了1万美金。

两种不同的人生道路摆在刘国鋕的面前，资源委员会的工作、出国留学都是他所愿意的，但是，组织的号召、党的决定又是一个党员必须服从的。他向党组织汇报了家里人对

畢業證書

學生劉國鋕係四川省瀘縣縣人現年貳拾貳歲在本校法商學院經濟學系修業期滿成績及格准予畢業依照學位授予法第三條之規定授予法學士學位此證

國立西南聯合大學常務委員 梅貽琦 蔣夢麟 張伯苓

法商學院院長

中華民國叁拾叁年柒月 日

刘国鋕在西南联大的毕业证书

他工作和出国的安排意图，党组织也允许他考虑个人意见。已经有坚定的信仰和强烈的组织观念与党性原则的刘国鋕，放弃了这样的个人选择，他说："我的工作不应由我安排，一切由组织决定。"

与刘国鋕曾经有过共同战斗经历的袁成源同志在解放后回忆说："以大学为阶梯往上爬的知识分子不乏其人，国鋕有条件出国，可他拒绝出国。他选择了一条危险、艰难的道路，他把自己同国家、民族的命运紧紧地联系在一起，是十分可贵的。"

刘国鋕没有辜负自己的选择。

云南陆良县是一个多民族杂居地区，当时的民主力量发展与内地相比还没有形成气候，刘国鋕以县中学教师为职业掩护，按照南方局的要求，安排党员到学校担任教师，发展学生中的进步力量，组织学生办墙报、唱革命歌曲、举办文艺晚会、读革命书籍，并把学生中的进步分子组成秘密读书小组，进行个别启发、教育，陆良中学成了地下党的一个秘密工作据点。他还积极联络少数民族力量，通过各种关系筹集枪支弹药，为开展武装游击工作做准备。正是刘国鋕在这里发动组织的进步力量，在1948年举行了反对美蒋的农民起义，形成了滇桂黔边区纵队的主要队伍。

抗战胜利以后，陆良县的反动势力以"收购武器，笼络人心，图谋不轨"的罪名要逮捕刘国鋕，党组织立即决定，刘国鋕退出陆良，返回重庆。

回到重庆后的刘国鋕，通过家人的关系，在四川省银行经济研究所资料室工作。这时候，他最强烈的愿望就是能去延安，发挥自己的聪明才智，真正干一番革命事业。可是，地下党组织却让他掩护和安排从云南陆良撤回重庆去延安的一批又一批同志，对他却一直没有安排。

这是为什么呢？

党组织考虑到，刘国铥在重庆有良好的社会关系做掩护，又有公开的社会职业，这是从事秘密工作的良好条件。

在梦寐以求的延安和充满危险的重庆之间，刘国铥又一次服从了党组织的决定，选择了重庆。

在地下党组织领导下，刘国铥秘密联络陪都青年联谊会、青年民主社这两个进步团体。按照党组织的安排，为了进一步团结、争取民主势力，他还参加了中国民主同盟，以民盟盟员的身份为掩护，有力地执行党部署的任务，推动反内战的活动。

1946年，爱国民主人士李公朴、闻一多先生先后在昆明被国民党特务杀害。

李公朴、闻一多是中国民主同盟早期领导人、著名的民主人士，抗战胜利后，致力于国家的民主和平运动，在社会上有很好的影响力和号召力，受到国民党的忌恨。国民党实行独裁统治，将李公朴、闻一多列入暗杀名单。虽然民主同盟一再声

闻一多

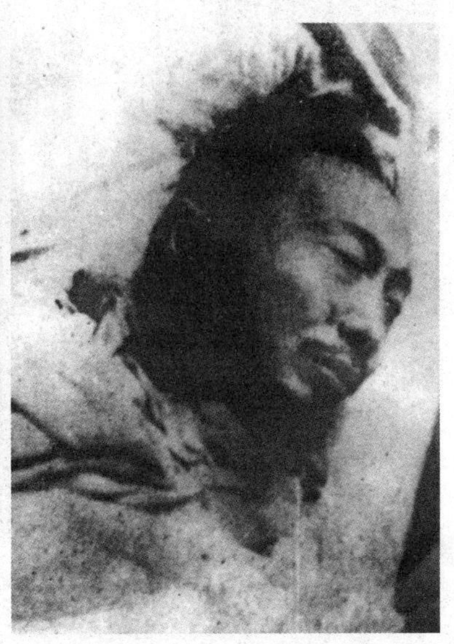

李公朴先生遗容

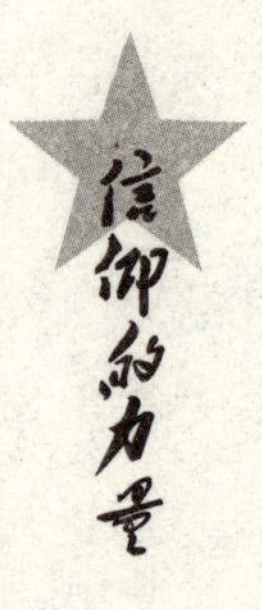

称自己并非暴力团体，只以和平方式争取民主，反对暗杀和暴动，但南京国民政府却密令昆明警备司令部、宪兵十三团等机关，采取“必要”手段，将民主进步人士秘密干掉。在国民党特务制定的秘密杀害名单中，李公朴先生被列为第一名，闻一多先生为第二名。

7月11日晚，李公朴和夫人于外出归途中遭国民党特务暗杀。时隔四天，15日下午，闻一多也遭杀害。这就是震惊全国的“李闻惨案”！

“李闻惨案”发生后，全国各地纷纷举行悼念活动，抗议国民党特务的暴行，刘国铥在重庆发起筹备追悼大会，成立李闻血案后援会，他还以刘钢为笔名，在《新华日报》上发表了《略论闻一多先生》的文章。

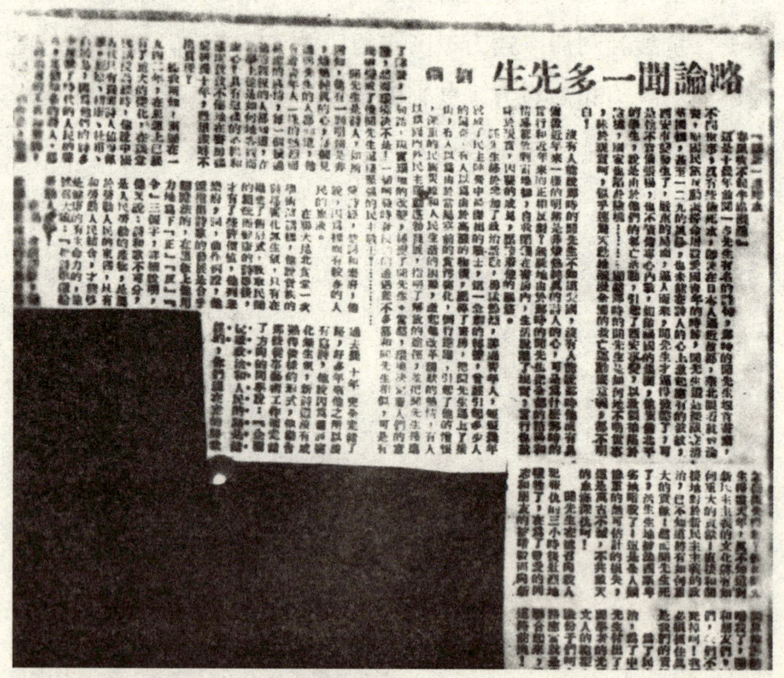
略論聞一多先生

劉鋼

刘国铥1946年8月20日在《新华日报》发表文章《略论闻一多先生》

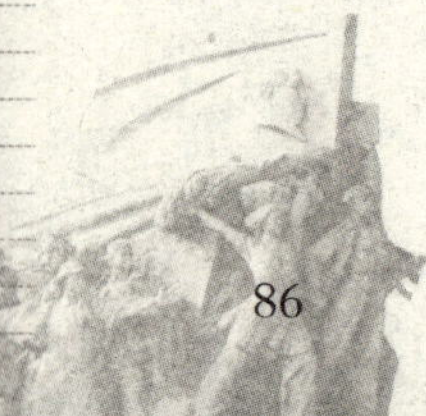

他写道：

> ……精通外国的和中国故有的，而又懂得服务于政治、服务于劳动人民，合乎辩证法的规律，这样成熟了的学者，中国怎么损失得起？……然而闻先生死了，活生生地被法西斯卑劣地暗杀了！这是全人类惨重的无可估计的损失，这是万古不灭、不共戴天的血海深仇呵！
>
> 为了民主的文化和政治，为了中国的革命，闻先生付出了生命，这是中国学者的光荣，这是中国文人的典范。全中国的知识分子们！闻先生的道路应当就是我们的道路，联合起来，沿着闻先生的道路前进！

刘国鋕从闻一多先生身上看到了中国优秀知识分子的精英情怀和社会责任，对闻先生的赞扬，又岂不是这个同为知识分子的革命者自我人生价值观的表白！

因此，我认为，刘国鋕的这篇文章其实揭示了这样一个道理：中国共产党领导的人民民主统一战线之所以能够团结大多数进步力量和全国民众，尤其是广大爱国知识分子，秘密正在于，共产党的正确主张与中国知识分子的这种精英情怀产生了伟大的契合。反过来，也可以说，在那个知识精英都在思考“中国究竟往何处去”的普遍焦虑中，是中国共产党将知识分子的精英信仰和中国革命的前途命运融汇在了一起。

由于刘国鋕在银行经济研究室工作的有利条件，地下党组织的彭咏梧、江竹筠等人经常在他的宿舍里召开党的会议，或者学习党的重要指示和文件，一些人的入党宣誓也在这里秘密举行。刘国鋕的宿舍还成了重庆地下党派遣下川东干部的中转站。刘国鋕不但谨慎地担任各种组织工作，而且把自己的工薪收入和家里提供的生活补助大量地提供给党组织开支。在刘国

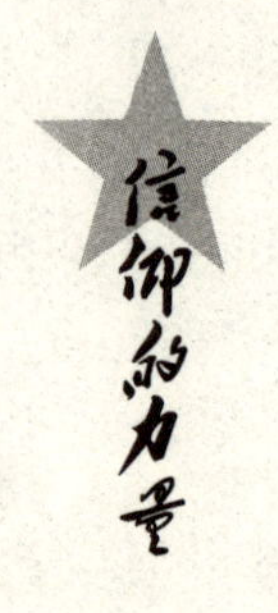

锆看来，这都是党的工作内容。

关于这个时期刘国锆团结、教育、培养进步青年的活动，在红岩革命历史博物馆的档案中也有不少的记录。

许多同志都说：“他有一种力量，一种不怕困难、不怕压力、勇往直前的精神。他那热情、舍生忘死的劲头使人感动”；“他总是把倾向进步的知识分子、爱国人士、文艺工作者尽力团结在党的周围，和我们一道前进”。

我曾经和刘国锆烈士的亲属探讨过刘国锆的精神源泉，他们认为，刘国锆之所以能够产生这种努力为党工作的力量，来源于他的信仰，而这种信仰，又让他心中始终充满坚强的力量。

★ 信仰逻辑的较量

那么，刘国锆又是怎样被捕入狱的呢？

和许多被抓进渣滓洞、白公馆的地下党员一样，他的被捕同样源于《挺进报》的暴露。

前面我们曾经讲到：1948年，川东地下党重庆市委主办的《挺进报》由于叛徒出卖不幸被特务破获。叛徒供出了担任沙磁学生特支书记的刘国锆。这对于国民党行辕二处的处长徐远举来说，是一条非常重要的线索，因为重庆大学等高校的进步社团一直在地下党的领导下经常组织活动，搞得他的特务机关穷于对付，但一直找不到对付共产党的办法。

徐远举喜出望外地认为，有了刘国锆这条线索，就可以将重庆各大学地下党的进步团体一网打尽。

了解到刘国锆的家庭背景，徐远举更是一相情愿地认为：这个出身豪门望族的公子哥儿哪可能是骨子里面就相信共产党的，只不过是年轻人图新鲜、赶时髦，只要政府稍加规劝，肯

定能够浪子回头，把情况全部坦白出来。

然而事实证明，徐远举们的这些想当然是彻底错误的。

刘国鋕被捕的当天晚上，如获至宝的徐远举就和国民党保密局行动处处长叶翔之、保密局重庆站站长颜齐和军法处法官张界一起，连夜对刘国鋕进行突击审讯。

审讯中，特务提出、追问了许多问题，刘国鋕的回答是一连串的“不知道”。徐远举的喜悦心情逐渐消失，他要弄起劝诱、威胁的手段。

徐远举问刘国鋕：“你这万贯家财的少爷，家里有钱有势，有吃有喝，你闹什么共产党呀？你共谁的产？你要知道，这共产是闹不得的，要坐班房、挨杀头的。”

刘国鋕冷冷地看了特务一眼，没有吭声。

徐远举又说：“你的上级已将你出卖了，否则，我们不可能把你抓住，今天让你来，就是看你老实不老实。如果不老实，只怕你的皮肉细嫩，吃不消的。”

听了徐远举的话，刘国鋕继续冷笑：“既然我的上级已将我出卖，你们什么都知道，又何必来问我呢？你问我，我什么也不知道。”

徐远举万万没有想到，这个细皮嫩肉的公子哥儿如此不识抬举，他要用刑罚对刘国鋕进行惩治，妄图得到他们想要的情报。

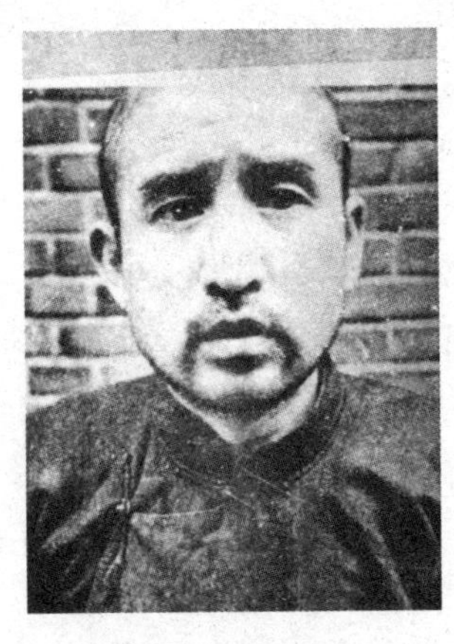

徐远举

渣滓洞、白公馆的刑罚是怎样一种情况呢？被誉为“黑牢诗人”的蔡梦慰，被捕前曾是成都《工商导报》记者，他发誓要将狱中的一切情况记录下来，以使后人知道这人间魔窟的血腥。在狱中，他写

蔡梦慰

下了长诗《黑牢诗篇》，诗中有这样一段记录狱中的刑罚：

热铁烙在胸脯上，
竹签子钉进每一根指尖，
用凉水来灌鼻孔，
用电流通过全身……
人的意志呀，
在地狱的毒火里熬炼——
像金子一般的亮！
像金子一般的坚！
可以使皮肉烧焦，
可以使筋骨折断；
铁的棍子，
木的杠子，
撬不开紧咬着的嘴唇，
——那是千百个战士的安全线呵！
用刺刀来切剖胸腹吧，
挖得出的——
也只有又热又红的心肝！

敌人对刘国鋕使用老虎凳等酷刑，威逼他开口。老虎凳这种刑罚非常残酷，受刑的时候，背靠木桩，将双腿捆绑在一条长条凳上，压上一个木杠子，用粗的绳索将长条凳、双腿、木杠子死死地捆紧，然后从脚后跟下强行塞进一根木杠，使劲往上抬起加垫砖块，加一块砖可以强行忍受，加到两块砖膝关节严重受损，加到三块砖非骨折不行。李青林烈士就是在老虎凳上双腿骨折，走向刑场都是由江竹筠搀扶的。

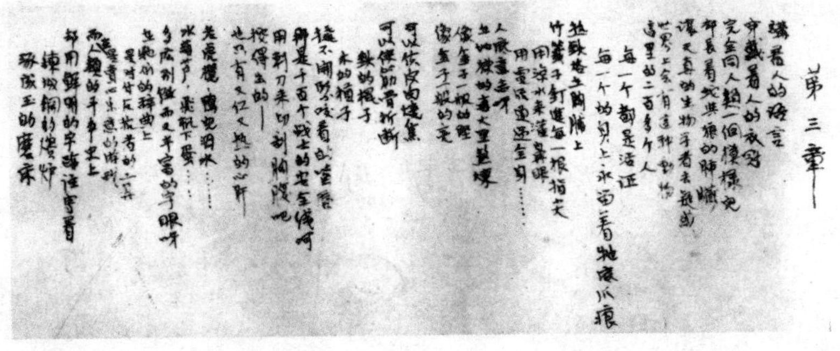
第三章
每一个都是活证
竹签子钉进每一根指尖
用凉水来灌鼻眼
用电流通遍全身……
可以使皮肉烧焦
可以使筋骨折断
铁的棍子
木的杠子
撬不开紧咬着的嘴唇
那是千百个战士的安全线啊
用刺刀来切剖胸腔吧
挖得出的——
也只有又红又热的心肝
老虎凳、鸭儿浮水……
水葫芦、坐飞机……
多么刺激而又丰富的字眼呀
在她们的辞典上
而人类的千年史上
都用鲜明的字迹注写着

蔡梦慰《黑牢诗篇》（第三章）

几个小时的刑讯，徐远举没有从刘国钰嘴里得到他想要的东西。

这是徐远举的又一次“万万没有想到”的感叹。他的没有想到，是因为他不懂得真正的共产党人的信仰和他有迥然不同的逻辑。而从那些背离信仰的叛徒们身上得来的逻辑，怎么可能在有坚定信仰的刘国钰们身上发生作用呢？

当年参加审讯刘国钰的军法处法官张界，解放后交代：刘国钰被捕后，始终没有把中共的组织交出，只承认有组织关系，但就是坚持不交。徐远举表示，只要刘国钰把组织关系交出来，一定给他自新。但是刘国钰表示：只有牺牲我自己，我不能牺牲组织，你们要怎么办就怎么办。

这就是刘国钰让特务们感到无奈的信仰逻辑！

刘国钰被捕关押后，他的家人为营救他四处奔走活动。徐远举在《血手染红岩》的交代材料中记录：刘的家属怕我杀他，尽力奔走营救。经济部部长刘航琛也来登门拜访，甚至来到我家同我交朋友。言谈中，希望我保全刘国钰的生命，并示意，只要我同意这样，在他所开设的川康银行和川盐银行可随便透支用款。何北衡也托我的妻舅、重庆市市长张笃伦向我游说，并托军统特务头子曾晴初和皮世修在二处内部奔走活动。

但是，一直试图撬开刘国钰嘴巴而一直未能得逞的徐远举

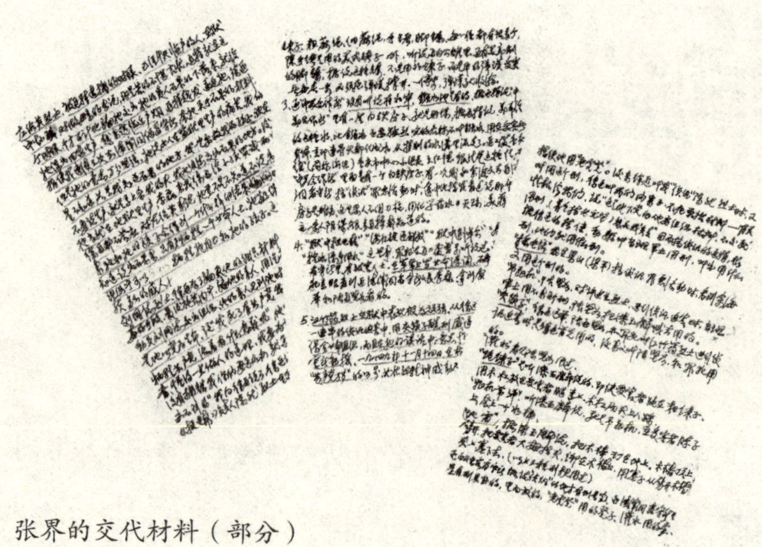

张界的交代材料（部分）

却拒不答应，他也在用他的反动逻辑和刘国鋕的革命逻辑做着残酷的较量。

后来，刘家又变换策略，从香港请回了刘国鋕的五哥刘国錤。

解放后，刘国錤仍在香港。1988年，他在刘国鋕的塑像前向我讲述了他营救弟弟的情况：

刘国錤从香港回来，带回许多东西，送给特务机关的上上下下。他专门给徐远举送了一个纯金香烟盒、一只劳力士名贵女用金手表和其他礼物。徐远举收受了刘家的贿赂，军统局的里里外外也帮刘国鋕说话。徐远举同意放人，但是他提出：刘国鋕必须在报上发表声明退出中共组织。此时的徐远举还没有放弃自己的那个如意算盘：想通过亲情说服刘国鋕转变立场，交出组织。

于是，徐远举同意两兄弟先见见面，也就出现了开篇我们讲述的那一幕。

刘国鋕被带到了特务的办公室。他做梦也没想到，会在这里突然见到哥哥。他很想冲上前抱住哥哥痛哭一场。可以想象他当时的感情，一个人被关在监狱里，戴着脚镣手铐，吃的是沙多、糠多、稗子多的三多饭，每天只有早晚十分钟的放风时间，突然看见自己的家人，会是一种什么样的心情。但是理智控制住了情感，刘国铉只是惊奇地问："五哥，你怎么到这儿来啦？"

五哥说："国铉啊，你不知道，为你的事，全家人都急得团团转！我这次专门回来解决你的问题。我给他们已经谈好了，只要你在退党声明书上签个字，在报纸上公布一下，他们对你以前的事情会既往不咎。出去后，你愿意读书可到美国，不愿意读书就到香港来协助我发展。反正你不要再去搞什么共产革命了，弄得我们一家人不安宁啊……"

说完，他把弟弟拉到办公桌前："来，赶紧在上面签一个字。"

刘国铉一看，已经拟好的退党声明书上写着："吾人加入中国共产党，现经政府教育帮助大彻大悟，即日起宣布退出中国共产党，今后该组织一切活动与本人无关。"只有具首人一栏，等待着他签字。

亲情、自由、信仰、荣誉，摆在刘国铉的面前，供他选择。他非常清楚，只要自己签个名，那么，年轻的生命走向立马就会改变。他也非常清楚，自己今天之所以站在这里，早就在内心深处有了自己的选择。

刘国铉还是毫不犹豫地说："不行。我死了有共产党，我等于没有死，我出卖了组织，活着有什么意义呢？"

这就是刘国铉关于信仰与生死的逻辑。

五哥在一旁苦苦地相劝，刘国铉还是含着眼泪缓缓地摇头。

刘家的第一次营救就这么失败了。

后来，徐远举又派法官张界去审讯刘国铉。张界便竭力劝说刘国铉悔过自新，发表声明，脱离共产党，但刘国铉明确表示，如果以他的苟活来牺牲党组织，那么，没有了组织的他活

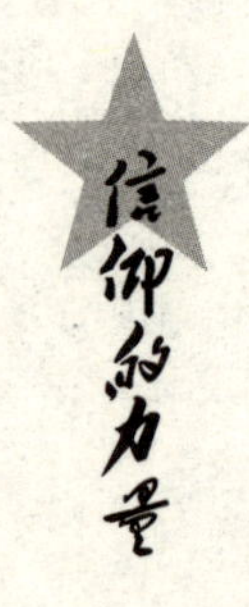

着也就毫无意义了。

1949年3月，刘国鋕的家人再一次为他奔忙，甚至动员刘航琛、何北衡联名给西南军政长官张群写了一封信，要求保释刘国鋕，叫他离开重庆去香港。张群将这封信批转给徐远举，刘国錤拿着这封信再次去见徐远举，并且给他送去了空白支票。刘国錤表示：你们要多少钱自己填，我们刘家只有一个要求，降低条件放人。

但徐远举很顽固地提出："刘国鋕不声明退党可以，但必须认错，写《悔过书》。"刘国錤考虑到弟弟的倔犟性格根本不可能写什么《悔过书》，便向徐远举提出：能不能代写《悔过书》，让国鋕签字。徐远举同意了。这样，刘国鋕第二次被带到特务办公室。

刘国鋕一见五哥就立即问："五哥，我要的全家照带来没有？"五哥赶紧递上一张全家照，刘国鋕一看这张全家照，再也控制不住自己的情感，热泪夺眶而出。他努力控制住自己的情绪，擦干眼泪，将照片放进囚衣。

哥哥赶紧上前说："国鋕，今天我们什么也不要再争了，你不知道外面已经乱成什么样子了，你再不出去，小命就难保了！徐处长已经答应你带着共产党员的称号出去，但是你得跟政府认个错，《悔过书》是我写的，你只签个字。今后不论任何人来追究责任，我来说清楚，这是为了营救你性命的下策。只要保全生命，什么都说得清楚，赶快把字签了，我们离开这个地方！"

看到五哥焦急伤心的样子，刘国鋕心中十分难受。但他怎能在特务的办公室，用短短的语言让这个埋头做生意的哥哥一下子明白许多道理呢？他决不能让特务去践踏兄弟的情谊，他毅然起身说道："五哥，我理解你和家里人对我的思念。我有我的信念、意志和决心，这是谁也动摇不了的！我自愿为共产

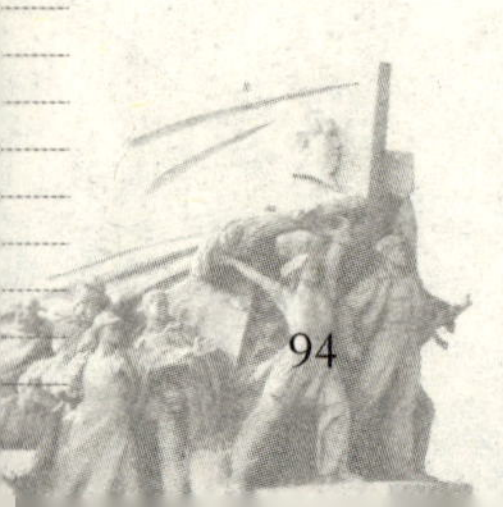

党牺牲自己，你们不要再管我，也不要再来了！”

刘国錤扑通一声跪在地下，死死地哀求自己的弟弟不要这么死心眼，要刘国鋕即使不为自己着想，也得为家里的人着想。但是，刘国鋕仍然十分坚定地表示：要释放只能是无条件的。这样，第二次营救也告失败。

与家人不惜血本的奔波营救和苦苦哀求相比，刘国鋕的坚守是那样的无情。

无情，却未必无义。关键在于，这是什么样的义？倔犟的刘国鋕已经告诉过我们：他之所以舍弃唾手可得的生的机会，是因为，“我死了有共产党，我等于没有死，我出卖了组织，活着有什么意义呢？”

在情与义的艰难抉择中，刘国鋕选择了义，而且是民族自由解放的大义。

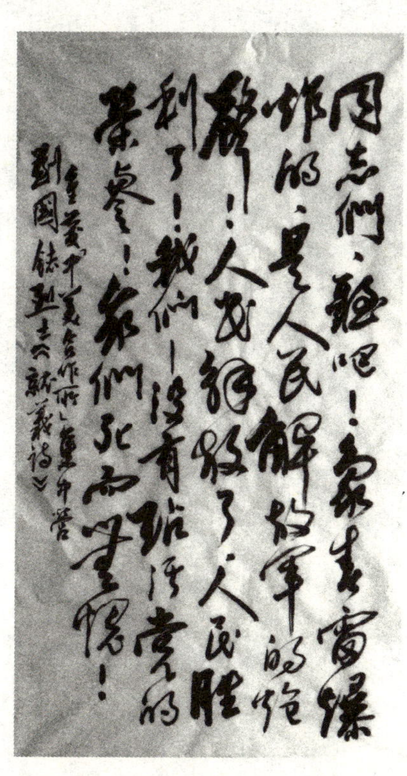

刘国鋕《就义诗》（尹瘦石书写）

有这样的大义，才能真正做到大义凛然。

1949年11月，刘国鋕在“11·27”大屠杀中英勇就义，时年28岁。

就像他在面对敌人的枪口高声朗诵的《就义诗》一样，他是在听着人民解放军攻打重庆的炮声中倒下的。他一再拒绝家人的解救，却把走向死亡看作回家一样的从容、淡定。因为，在他的眼里，家，是另一种范畴，是整个中华民族，更是一个共

产党员最终的价值归宿。

“我们没有玷污党的荣誉！我们死而无愧！”这就是一个年仅28岁的共产党员在生命最后一刻所发出的呐喊。什么是革命先烈？什么是为共产主义信仰奋斗终生？中国共产党为什么能够由小到大、由弱到强？中国革命为什么能够成功？正是由于有无数像刘国鋕这样忠诚于自己的政治选择，敢于用生命和热血捍卫自己信仰的革命战士。

他虽死犹生，永远没有倒下，因为，他没有玷污党的荣誉！

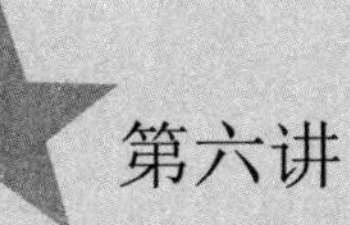

第六讲

一片丹心向阳开

——红岩烈士江竹筠

在中国大地上，江姐的名字可以说家喻户晓。因叛徒出卖，她被捕入狱，被关押在重庆的渣滓洞监狱，遭受了常人难以忍受的严刑拷打。但她的激情与不屈，却点燃了狱中斗争的火焰。她领导狱中难友们反抗，组织他们学习，稳定他们的情绪。但在重庆解放前夕，她却惨遭杀害。面对死亡，她说出了一句流传很广的名言：面不改色心不跳，就像回家一样。

1949年10月1日，中华人民共和国成立。不久，消息传到了重庆的渣滓洞监狱，关押在这里的革命志士们压抑着心头的喜悦，击掌庆贺。

然而，一个月后的11月14日晚，特务们突然对着女牢喊："0384号收拾行李，转移地方。"0384号，就是江竹筠——小说《红岩》中江雪琴江姐的囚徒编号。

就在这天晚上，江姐被秘密杀害于歌乐山的电台岚垭。这一年，她年仅29岁。

在所有红岩烈士中，江姐可以说是大家最熟悉的。一部《红岩》，让江姐的名字几乎家喻户晓，而伴随着那首脍炙人口的《红梅赞》的广为传唱，身穿蓝色旗袍、套着红色毛衣、系着白色围巾的江姐形象更是深入人心，几乎成了这个女英雄的定妆照。江姐带给我们的，不仅仅是革命者坚守信仰的高贵气节，还有这种信仰本身所散发出的巨大魅力。

但也许大家不知道：真实的江姐，其实是一个十分弱小的女子，身高仅1.56米。

江竹筠

这么一个弱女子，为什么能爆发出那么强大的能量，能够历经无数次严刑拷打还说出"毒刑拷打是太小的考验！竹签子是竹做的，共产党员的意志似钢铁！"这样的铮铮誓言？

让我们再次走近江姐，再一次感受来自信仰的无穷力量。

★ 在丈夫倒下的地方，她继续战斗

1920年8月，江姐出生在四川省自贡市大安的一个农民家庭。她本名江竹君，竹子的竹，君子的君，取“梅兰竹菊”四君子之意，寄托着家人和自己对高洁品质的追求。

1930年，10岁的江姐随母亲一起来到重庆，在一家织袜厂当了童工，因为人还没有机器高，老板就为她特制了一个高脚凳。11岁时，她又进入了重庆一所教会孤儿院，边做工边读书，养成了刻苦学习的习惯。

1939年，她考入重庆的中国公学，并秘密加入中国共产党。1944年夏天，经组织安排，江姐进入了四川大学农学院学习，随后，又和共产党员彭咏梧扮作夫妻组成“家庭”，他们的“家”也成了重庆市委的秘密机关和地下党员的学习辅导中心。1945年，她与彭咏梧正式结婚。

彭咏梧

1947年，彭咏梧任中共川东临时委员会委员兼下川东地委副书记，组织领导万县一带的武装斗争。江姐以川东临委和下川东地委联络员的身份和丈夫一起奔赴斗争最前线。这时的江姐已掌握了川东地下党尤其是下川东地下党的大量组织机密，这正是被捕后特务们急于让她开口而对她多次用刑的原因。

1948年1月，彭咏梧在组织武装暴动时不幸牺牲。这一年，他们的儿子彭云还不到两岁。

江竹筠全家的合影

无情未必真豪杰，怜子如何不丈夫！

为了自己的信仰，江姐，这个看起来弱小的女子，反而因为丈夫的牺牲爆发出更加强劲的意志。

她强忍悲痛，把弱小的儿子托付给战友，毅然接替了丈夫的工作。同志们担心她挺不下去而试图让她留在机关做文书，她却说："这条线的关系只有我熟悉，我应该在老彭倒下的地方继续战斗。"

1948年6月14日，由于叛徒——小说《红岩》中甫志高原型之一的涂孝文的出卖，江姐在万县不幸被捕，随后被关进了重庆渣滓洞监狱。

江姐到万县工作时，化名为江志炜，取内心依然追求光明之意。被捕后，特务问她的名字，她说："我叫江志炜。"狡猾的特务冷笑道："别以为我们不知道，你真名叫江竹君。"

这时，江姐听到了审讯室外风吹竹林的声响，想起了家乡那一大片竹林和竹子所象征的高贵气节，于是，江姐灵机一动，大声呵斥特务："对，我是叫江竹筠，不过我那个筠，是上面一个竹字头，下面一个平均的均，你们不要写错了。"

这就是江姐后来被档案记载为江竹筠的来历。

★她的坚贞不屈重新点燃狱中斗争的火焰

特务从叛徒口中得知，江竹筠曾经担任过重庆地下党机关的机要文书，又是下川东地委副书记彭咏梧的妻子，手里肯定少不了川东地下党的组织机密，特务们不禁一阵狂喜，妄想从她身上找到"大缺口"，可以大面积破获重庆的地下党组织。

敌人的这些妄想，也正好是渣滓洞监狱难友们的极大担心。

这种担心，首先基于当时重庆地下党的严酷现实和渣滓洞的沉闷空气：江姐被捕前，由于重庆市委书记刘国定、副书记冉益智以及川东临委副书记涂孝文等相继叛变，许多共产党员和革命志士被出卖而被捕入狱，他们对叛徒的出卖感到十分义愤，同时又对领导的变节感到茫然：平时崇拜的上级怎会如此背叛信仰，出卖同志？有的人甚至对革命产生了怀疑。所以，整个狱中的气氛非常沉闷。

其次，难友们的担心还出自江姐曾经的状况：老彭牺牲后的一段时间里，她难以从悲痛中恢复，一想起老彭总不免要伤心流泪，遇到自己人也总是控制不住情绪，甚至还到帮她带儿子的战友家中去大哭了一场。

她刚刚失去了挚爱的丈夫，儿子还那么小，身材又是这般瘦弱，她能扛得住吗？如果江姐再出问题，那么，下川东地下党就可能遭受灭顶之灾，后果不堪设想！

后来的事实证明，难友们的担心其实是多余的：江姐用自己的实际行动做出了坚定的回答，也正是从坚贞不屈的江姐身上，难友们重新燃起了希望和信念。

在红岩革命历史博物馆的档案中，保存着特务头子徐远举、法官张界和特务陆坚如等人的若干交代材料。江姐曾三次遭受酷刑。

第一次是徐远举亲自审讯，他根本就没有把这个弱小女子放在眼里，在他看来，凭着手里叛徒提供的情况，可以轻而易举地让江姐就范。

徐远举问："把你知道的情况全部说出来，你的组织已经全完了！"

然而，正是徐远举这句狂妄自大的"全完了"，让江竹筠判断出：特务们还没有掌握下川东多少情况，因为大部分人员、组织都在自己一个人手里，"全完了"纯粹是鬼话。于是，江姐冷静地回答说："我没有什么组织可交代的。"

徐远举威胁道："我告诉你，把你交出的人就在我这

渣滓洞监狱刑讯室

里，你不信，可以跟你见面，你不交出组织是不行的！”

听特务这样说，江姐心里就更加有数，她坚定地回答：“那是流氓的胡言乱语！”

“胡言乱语？那你在万县干什么？从重庆带的人下去又是干什么？你领导了哪些人？有多少武器？”徐远举继续盛气凌人地追问。

“我一个妇女家的，也不懂什么打仗，不知道有什么武器弹药。”江姐照样冷漠地回答。

徐远举冷笑一声说道：“不知道什么武器弹药？那就让我告诉你，你的上级、市委副书记冉益智他什么都说了。你能说不知道吗？而且我告诉你，他已经悔过自新了，还参加了我们的工作，你只要把问题交代清楚，也可以参加我们的工作，何必这样死扛呢？”

听到叛徒的名字，江竹筠怒火中烧，但表面却很平静，一言不发。这下，徐远举有点沉不住气了：“今天不交出组织，就不行！一定要你交出来！”

看到特务头子的神态，江竹筠镇静地、一字一字地回答：“有组织没有组织，是我的事，你们可以逮捕我，但不可以叫我交出组织。什么是不交不行？不行又怎么样？我说，你们今天一定要放我，不放不行，行不行？还不是同样的不行。那为什么你就非要我交出组织不可呢？老实告诉你，我没有什么组织，你想怎么样就怎么样！”

听到一连串绕口令似的回答，徐远举觉得，这个弱女子真不简单。他突然一拍桌子站了起来，指着江竹筠说：“你的情况我完全清楚。游击队的政委彭咏梧不是你的丈夫吗？他的下场怎么样？你的儿子现在在哪里？你想想，要让他当孤儿吗？”

听到特务提起丈夫和儿子，江竹筠的眼眶湿润了，老彭

牺牲的惨状浮现在她眼前，她也突然大声地对徐远举说道："你们是人吗？打死我的丈夫还把头砍下，你们是狼心狗肺，你没有资格跟我说话，我是什么都不会说的！"她强忍着，不让自己哭出来。

徐远举看见江竹筠如此难过，认为她可能承受不住了，他走过去几乎贴近江竹筠的脸轻声地说："不要再抵抗了，学学冉益智，说出来你就没事啦！"

但哭泣的江竹筠却突然站了起来，大声说道："我什么都不会说的！"

"上刑！我就不相信你不开口！"气急败坏的徐远举开始咆哮起来。

特务们给江姐上的什么刑呢？法官张界在解放后的交代材料中这样写道：

……无论徐匪威逼，江烈士坚决不承认是地下党员。徐匪叫当班的军士拿来一把竹筷子，放在江烈士的十个指尖上，特务军士两手紧握筷子的两头，来回在烈士的手指上猛夹……江烈士满脸流着革命的汗水，脸都变得苍白，声音也发不出来，徐匪叫特务军士把手放开让她说，江烈士站起来说："今天，你就是把我杀了，我没有组织总是没有组织。"徐匪叫嚷："不说就把你吊起来，看你说不说。"于是当班特务拿来一根又长又粗的麻绳，使力向楼板上一甩，徐匪以为这下可以把江烈士威胁倒，可是江烈士对麻绳连一眼都没有望……

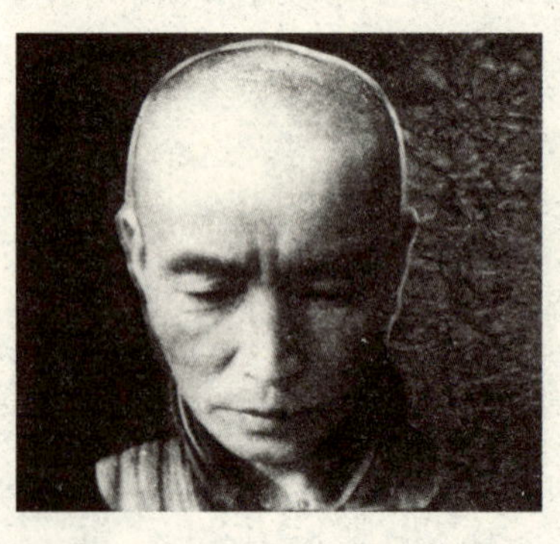

张界

受刑后的江竹筠，给徐远举留下的一句话是："你只能危害我的身体，动摇不了我的意志！"

面对又一个有钢铁般意志和坚强信仰的共产党员，徐远举再次感到无计可施，因为，他万万没有想到一个如此弱小的女子竟然能如此刚强。

他当然想不到，当一个人把信仰与生命融为一体时，她的生命就不再是一个单一的个体，而是和她的整个事业、整个党连在了一起，就会增强十倍、百倍、千倍的力量。

解放后，徐远举在秦城监狱写下的《血手染红岩》的交代材料中写道：

> 我对中共党员的严刑审讯有三套恶毒的手段：1.重刑，2.讹诈，3.诱降。利用他们不堪严刑拷打，利用他们贪生的心理，利用他们的家庭观念，利用他们身体上的弱点，用各种威胁利诱和欺骗讹诈来诱惑，以动摇他们的革命意志……

手段不可谓不恶毒，分析也是那么合于常理。在江姐身上，这三种手段，敌人都用到了，而且江姐身体上的弱点，还有她的家庭情况，徐远举也抓得很准，但为什么依然不能奏效呢？因为，徐远举的错误在于：他的这种特务逻辑，在真正的共产党人面前，是完全行不通的！

徐远举不甘心失败，他做梦都想着从江姐身上扩大战果。于是当天下午，他命令特务继续对江竹筠审讯，一定要撬开她的嘴，挖出下川东游击队的组织情况。但是，从一点到四点，特务始终没有从江竹筠嘴里得到任何一点他们想要的情况。

一天两次动刑，毫无收获。徐远举几乎绝望了。

恰好相反的是，敌人的绝望和沉闷，带给整个渣滓洞监狱难友们的却是希望和感动。沉闷的狱中空气散开了，取而代之

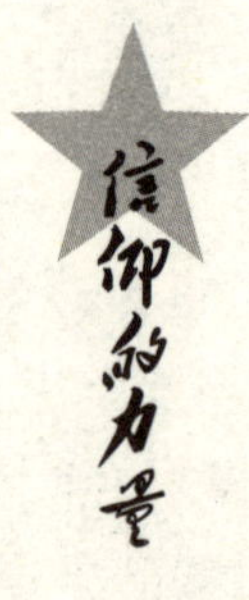

的是难友们重新燃起了坚持斗争、保持气节的信念。

难友们纷纷以各种方式对江竹筠表达敬意。他们有的靠着牢房门口挥拳致意，有的双拳紧握向女牢房晃动。当时，最多的慰问方式就是用一些纸条写称赞、鼓励的话语，其中，男牢房的何雪松为江竹筠写了一首《灵魂颂》的诗，诗中有一段这样写道：

你是丹娘的化身，
你是苏菲亚的精灵，
不，你就是你，
你是中华儿女革命的典型！

何雪松　　　　何雪松《灵魂颂》（刘正瑾书写）

诗歌把江竹筠比作苏联卫国战争时期的女英雄丹娘和沙俄时期反抗强暴的苏菲亚，对江竹筠顽强不屈的意志给予由衷的赞扬。

躺在牢里听着难友读着慰问信和这样的诗句，江姐的心得到巨大的安慰。

但敌人岂肯善罢甘休。仅仅两天后，法官张界第三次对她进行审讯。这次，特务一上来就用竹筷子夹住她的双手，要她说出组织关系。双手已经严重受伤的江竹筠紧咬牙关，拒绝回答一切

白公馆山洞内的刑具、刑椅等

提问，特务甚至还用卑鄙下流的语言刺激她，逼她招供，江竹筠却抱定一个主意：打死都不再说一个字！特务一次次拉紧了竹筷子，直到她又昏死过去，仍然没能从她嘴里得到一个字。

敌人的失败，就是革命者的胜利。

当江竹筠受刑被拖回牢房时，所有的难友都挤到门口，呼喊口号、唱歌以示敬意。这时，不知哪个牢房喊了一声“江姐”，从此，“江姐”就成了大家、也是今天的后人们对江竹筠的一个尊称，因为，她确实让人肃然起敬。

在渣滓洞监狱担任过看守的黄茂才解放后回忆：江姐三次受刑后，特务又给她戴上了镣铐。本来她已经不能行走，但在放风时间，她仍由人扶着在院内行动，并向各室点头致意，发出胜利的微笑。

我们在前面多次说到，江姐其实是个身材弱小的女子。难友们还回忆了狱中这么一件连敌人也想不到的小插曲：

敌人通过刑罚没有得到半点想要的情况，就给江姐戴上了

20多斤的重镣折磨她。难友们十分担心，这会使江姐的伤势雪上加霜。晚上，大家把江姐抬上床，江姐突然对大家说："你们看！"大家一看才知，原来，江姐的脚很小，按尺码也就是34.5码左右，脱鞋后竟然可以把脚慢慢地从镣铐里退出来！大家看后都轻轻地发出笑声。

我曾多次讲过江姐的故事，但每当讲到这里，我却笑不出来，与她娇小的身体形成巨大反差的，不正是她忍受严刑拷打始终坚贞不屈的伟大意志吗？

也正是在这样的意志的感召下，难友们开始了更加坚定也更加讲究策略的狱中斗争。

★ 她策反看守，建立起狱里狱外党组织的联系

1948年11月18日，是江姐的丈夫彭咏梧同志牺牲一周年的忌日。这一天，渣滓洞的难友们自发地停止了唱歌和锻炼，静静地表示对老彭的纪念，他们还十分担心江姐会忧伤过度而倒下，女牢房还专门安排同志寸步不离她的左右以防发生意外。

但这一次，江姐让自己的同志也感到出乎意料。

她早早就起了床，扎了朵小白花，默默地戴在头上。放风的时候，她第一个走了出去，主动地和难友打招呼，主动地向大家说："我们要加强学习，锻炼身体，迎接重庆的解放！"语气是那样坦然而自信。

也就是在这一天，江姐向狱中党组织提出建议：不论是毒刑拷打还是感情折磨，对我们来说都是很小的考验，但是我们不要白坐牢，应该利用这个时间总结分析经验教训，找出问题的原因，这才是党性的考验！

当年曾与江竹筠在一个牢房关押，后来在大屠杀的火海中

逃生的盛国玉回忆说：江姐知识丰富，文化较高，在女牢狱中是一个坚强的领导骨干，她组织难友学习政治经济学，稳定同志们的情绪。她还经常与男室楼上5室取得联系。放风时，在窗口传纸条，谈内战消息和各方面的生活情况。

江姐以无比坚强的意志严守着党的机密，又以对革命必胜的信念和自己的聪明才智继续为党工作。

于是，一场打通狱里狱外联系的战斗在狱中党组织的领导下悄然打响。

她们首先把目光集中到了看守黄茂才的身上。

这个黄茂才是个什么样的人？江姐她们能够争取过来吗？

黄茂才出生在离江姐老家自贡很近的四川荣县一个贫苦农民家庭，1944年在川康绥靖公署做过文书，1948年调到了渣滓洞监狱做少尉看守。江姐觉得，这是一个可以争取的对象，于是就利用同乡关系以拉家常的名义开始联络黄茂才。

刚开始，黄茂才高度警觉，因为来到这里，特务头子就跟他讲："这个监狱不是一般的监狱。这些犯人杀人放火无恶不作，阴险狡猾，是我们针锋相对的敌人……"

黄茂才

江姐和同在女牢的曾紫霞当然注意到了黄茂才的这种警觉和害怕的心理，所以经常说一些城里工作难找，收入养不活家庭，在农村交租后也是难以维持开支，遇到天灾更是艰难等生活方面的事情。黄茂才每次值班，站在女牢门口听见她们说的这些话，都觉得很入耳。他联想到自己无论出来工作，还是在军队，都难让家里人过上无忧无愁的生活，觉得她们讲得很对。慢慢地，黄茂才从听她们讲话，到凑到门口与她们搭上几句，到最后与她们交谈，甚至接受她们的教育帮助。此后，男牢房也开始有意地找他交谈，给他讲社会、国家的事情，黄茂才开始重新认识关在牢房里的这些人，感觉他们都比较有学问，讲话很文明，说事很在理，还非常关心人，谁要是有病了，大家都会关心帮助，也很有人情味，并不像长官说得那样可怕。

在解放后的回忆材料里，黄茂才清楚地记得，女牢房的人给他讲："小黄，争取将来像苏联那样，我们共同建设一个美好的新中国，人人有衣穿，有饭吃，都有电灯、电话，难道这样的生活还不好吗？"

他还记得江姐教育他说："小黄，你还年轻，但你总该晓得：当今社会人吃人，人压迫人，地主剥削农民，资本家剥削工人，这种制度太不合理……小黄，只要你思想进步，争取多为国家和人民做贡献，多帮助我们，将来党和人民是不会忘记你的，会给你出路的。"

在江姐们的教育帮助下，黄茂才转变了。经过试探性的让他送信出去和送信回来，狱中正式决定，开始利用黄茂才为狱内外党组织传递消息。

就这样，狱内外党组织的联系通道终于形成了。

通过看守黄茂才，狱外党组织为狱中送去了学习材料，使狱中的同志感觉到了党的温暖；而狱中同志送出了特务看守人数、武装警卫部署情况，又为狱外党组织开始制订秘密营救方案提供了第一手材料。同时，狱中也按照里应外合的要求，开始为营救时能够把铁镣、脚铐打开而秘密寻找铁钉、铁器的工作。渣滓洞的所有政治犯利用放风、上厕所、洗衣服的机会，将所有能够发现的铁钉、铁门栓等坚硬器物悄悄地拔出带回牢房。为了防止监狱突击检查，难友们在牢房床下挖坑，将

铁器埋了进去。

当然，这些行动在前几年的一次意外中才找到了证据。

2007年7月17日，歌乐山一带爆发特大山洪，把渣滓洞监狱女牢房冲毁。在维修地面时，一个地洞居然把夯土机器陷了进去，拉出机器后，人们在洞里发现了当年烈士们藏进去的许多铁钉和铁器。

黄茂才还专门为江姐送出了家信，她的家人也为她送来了儿子彭云的照片，这给江姐在狱中战胜情感痛苦带来了极大的精神慰藉。

重庆解放前夕，国民党要弄求和谈判阴谋时，黄茂才还带出了狱中难友提出的“必须保证在押政治犯绝对安全”的意见。

★ 她虽死犹生，永远活在共和国的记忆里

黄茂才为了帮助狱中难友，还把武装守卫渣滓洞的看守连长请到自己在监狱的宿舍，与难友们秘密谈判，要求在地下党武装营救时给予配合。

小说《红岩》和电影《烈火中永生》中也有武装营救的情节，其实就是依据这些历史而创作加工的，只是文学作品在创作时，还把1947年从白公馆越狱脱险的假疯子韩子栋，也就是小说中的华子良，做了整合，设计出韩子栋与游击队接上关系，带领部队攻打进渣滓洞解救难友的情节。事实上，营救工作并没有能够进行。而影片里，江姐在武装营救前的殉难使许多观众感到万分遗憾，以至毛泽东在看完空政文工团的歌剧《江姐》后，曾经惋惜地说：要是让江姐看到胜利和解放就好了！

事实上，江姐确实是在营救行动准备开始前突然被杀害

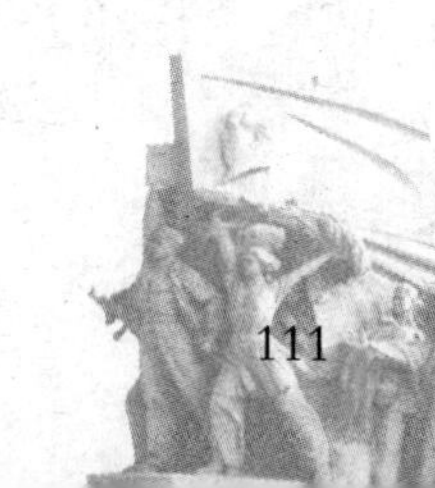

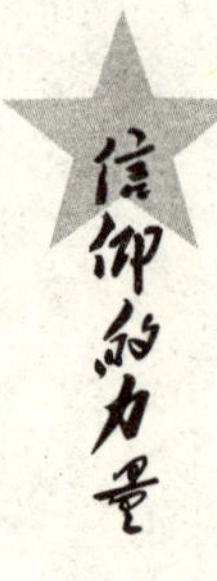

的。营救工作也确实因为突如其来的变故，直到江姐牺牲后也没能真正实施。这又是怎么回事呢？

为了让大家更清晰地掌握这个史实，我们先讲讲营救行动的搁浅。

这其中最重要的原因之一就是：已经被争取过来的看守黄茂才突然被遣返，致使狱里狱外联系中断。

1949年八九月份，解放战争逼近西南地区，国民党反动派开始做撤离准备。渣滓洞监狱开始遣返人员，黄茂才也在领遣散费，他属于回家自谋生路的一类。11月中旬，黄茂才突然接到被遣返回家的通知。他到西南长官公署办理完手续后，于19日晚上回到了渣滓洞监狱取自己的物品和办理交接。当黄茂才去各个牢房向政治犯告别的时候，女牢房的胡其芬交给他一封信，希望他送到指定地方。这封信的内容主要是讲江竹筠等人被杀害的消息，希望狱外加紧营救方案的执行。11月20日，黄茂才将信送到了重庆大学的女生第二宿舍联络点，由于没有得到上级的具体指示，黄茂才暂时回家去了，与狱内联系的通道就此中断。7天之后，也就是距重庆解放只有3天的1949年11月27日，敌人溃败之前的大屠杀发生了，200多位革命者没来得及看见最后的胜利，为自己的信仰献出了宝贵的生命。

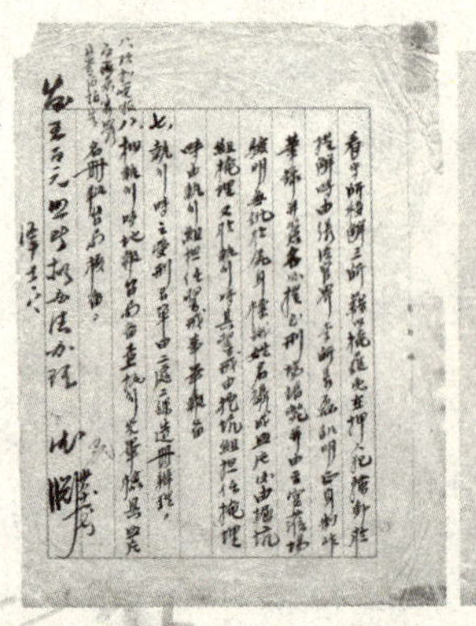
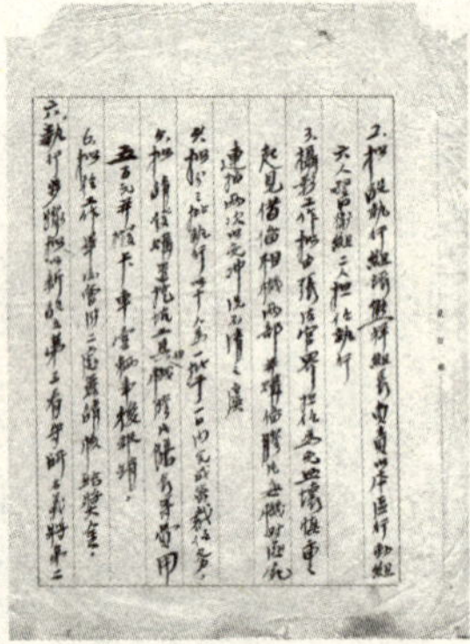
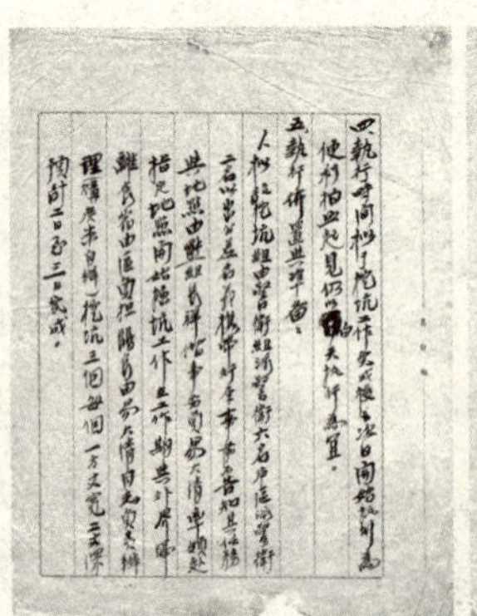
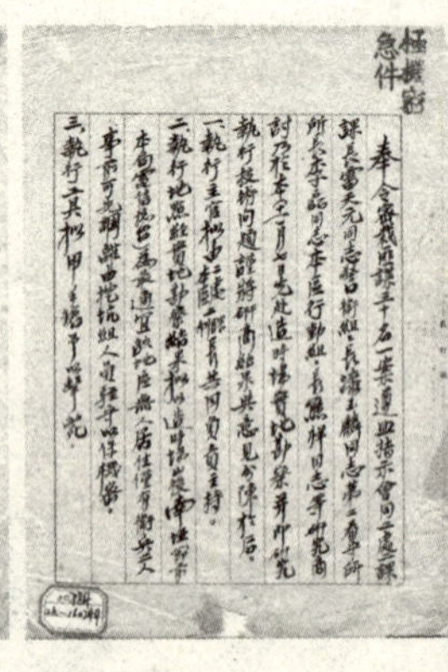

特务杀害江竹筠等的计划书

历史将永远定格在1949年11月14日

就在难友们为越狱做着各项准备时，突然传来了江竹筠等人要立即转移的消息。大家知道，敌人所讲的“转移”，实际上就是下毒手的惯用说法。为了麻痹政治犯，敌人往往还故意煞有介事地打招呼“都把自己的东西带好，不要忘了”。

于是，开篇我给大家讲的那一幕出现了。

这天，一群武装特务突然出现在女牢门口，高声叫着江竹筠、李青林等人的囚徒号码，要她们赶快收拾行李，马上转移。

江姐知道，最后的时刻到了，为自己的信仰献身的时刻到了。虽然自己没有看到胜利，但是，新中国早在一个月前就在北京宣告成立了，敌人的举动恰好说明，重庆解放已是指日可待。她把自己的东西全部送给了难友，唯一带走的就是儿子彭云的照片。

她轻轻地亲吻了一下照片上的云儿，然后脱下囚衣，把照片放进贴胸的口袋，穿上自己蓝色的阴丹士林布旗袍，再罩上自己的红色毛衣，梳好头发，以这样从容而美丽的姿态走向牢门，走向了一个年轻生命的尽头，也走向了一个伟大灵魂的永恒和不朽！

江姐和难友们一一告别。难友们知道，江姐这一去就再也不会回来了，她们哭了。江姐轻轻拂去她们眼角的泪水，微笑着点头，昂首跨出了牢门。她还搀扶着受刑断腿的李青林，往外走去。听到哭声，两人又回头向站在门口凝望的难友挥手告别。

在电台岚垭刑场，江姐站立着，环顾四周。但见歌乐山雾气浓浓，山风微微，焦黄的杂草丛中，不知名的小花，虽被秋风吹得起伏摇摆，但仍顽强地怒放着。

此时的江姐在想什么？是在想就要和老彭见面了，还是在憧憬着儿子彭云今后在新中国成长的幸福生活？一阵排枪响

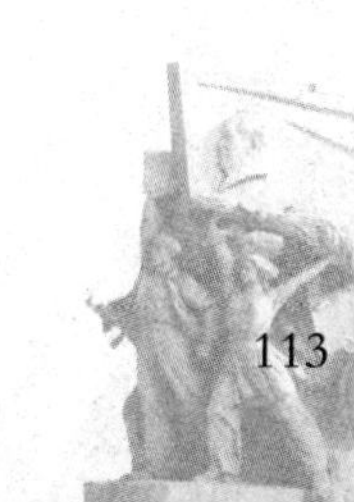

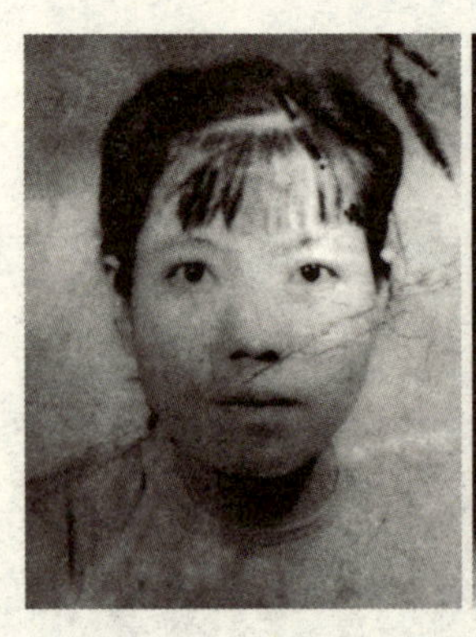

李青林

李青林等人的合影

起，江姐倒下了，鲜血染红了她身边的小花。

说实话，每次讲到这里，或者说，在舞台上、在电影里看到这里，我都非常理解作为人民领袖的毛泽东同志看到此情此景时的心情：要是江姐看到革命完全胜利该多么好啊！

她也和千万普通女人一样，爱着自己的丈夫，疼爱自己的儿子，渴望温馨的家和幸福的生活，然而“为了免除下一代的苦难”，江姐以极大的意志力量战胜了个人的情感痛苦。坚定的共产主义信仰和对党的无限忠诚，使她敢于面对死亡而“面不改色心不跳，就像回家一样”。

这样的情怀，值得我们永远景仰，也永远珍藏！

在红岩革命历史博物馆的档案中，珍藏着几封江姐生前、包括在狱中写给亲人的书信。当她得知丈夫殉难的消息后，她这样写道：

> 家里死过很多人，包括我亲爱的母亲，不过没有哪一次像失去老彭那样令我窒息得透不过气来。……人总是人，总不能不为这惨痛的死亡而伤心，我记得不知是谁说过，“活人可以在活人的心里死去，死人可以在活人的心中活着”，你觉得是吗？所以他是活着的，而且永远地活在我的心里。

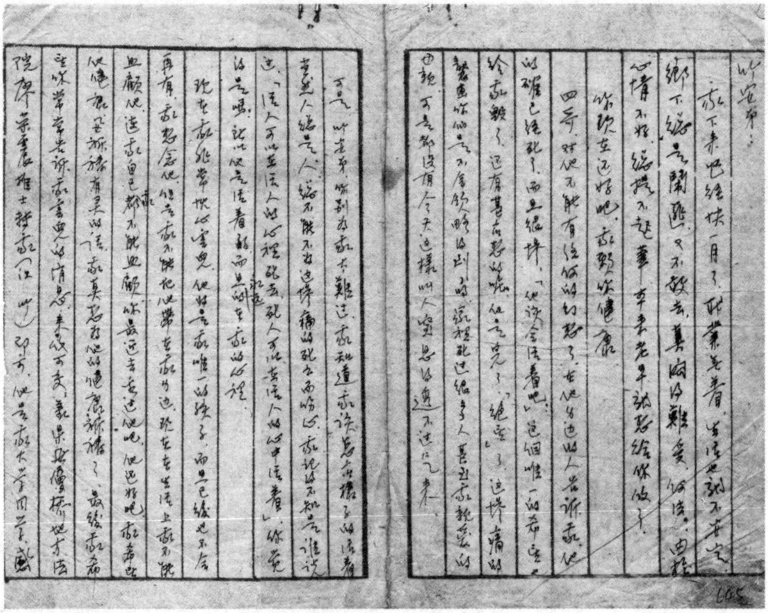

江姐得知丈夫殉难后写的家信

在狱中，江姐带出的最后一封书信中对儿子的问题写下这样的遗言：

> 假如不幸的话，云儿就送给你们了，盼教以踏着父母的足迹，以建设新中国为志，为共产主义事业奋斗到底！孩子决不要娇养，粗茶淡饭足矣！

就像彭咏梧永远活在江姐心中一样，江姐也永远活在人们的心中，成为共和国永不褪色、耀眼的红色记忆！

第七讲

年纪最小的“老政治犯”

——红岩烈士宋振中

小萝卜头八个月大的时候就跟随母亲进了监狱，直到九岁时被秘密杀害，他短暂的一生几乎都在暗无天日的牢房里度过。他没有真正的玩具，只有牛皮纸做的扑克牌；他拒绝吃特务的糖；他渴望进棺材获得自由……他从未真正见识过外面的世界，但是他天真无邪、懂事听话、聪明好学、明辨是非。他虽然年龄很小，却能做许多成年革命者不能做的工作；他虽然身体瘦弱，却用一颗爱心撑起了难友们的精神天空。

我给大家介绍了红岩英烈中很多位具有典型意义的英雄人物。我所介绍过的这些红岩英雄人物，无疑都有这样一些共同的特点：（1）他们都是中共党员；（2）他们在被捕前都从事过时间或长或短的地下斗争；（3）他们大多是因叛徒出卖而被捕入狱；（4）他们被捕后，大多受过酷刑折磨；（5）他们入狱后都不屈服，在监禁中以各种方式开展对敌斗争；（6）他们绝大多数都遭到敌人的残酷杀害……还有一点就是：他们都是成年人。

而这一讲我要给大家介绍的一位红岩英雄人物，与我介绍过的红岩英雄人物相比，很多特点都不相吻合：他不是中共党员，他入狱前没有从事过地下斗争，他也不是被叛徒出卖的，他入狱后也没受过酷刑折磨，等等。但还有很多是相吻合的：他在狱中，同样表现出为正义而不屈服的气概，同样以各种方式开展对敌斗争，他最终也遭到敌人的残酷杀害。而他与其他红岩英雄最大的一个不同点就是：他牺牲时还是个孩子！

在歌乐山下被国民党特务杀害的数百位死难者中，有一个人数不多却引人注目的小群体，那就是因各种原因随父母被关押于狱中，最后又随父母赴死的孩子们，如在渣滓洞女牢出生的“监狱之花”等。他们中的典型人物就是小说《红岩》中“小萝卜头”的原型宋振中——新中国年纪最小的革命烈士。在小说《红岩》里，小萝卜头这个人物，直接采用了真实历史中宋振中的名字和外号，现实生活中，宋振中的外号就叫小萝卜头，而小说中小萝卜头的本名，也叫宋

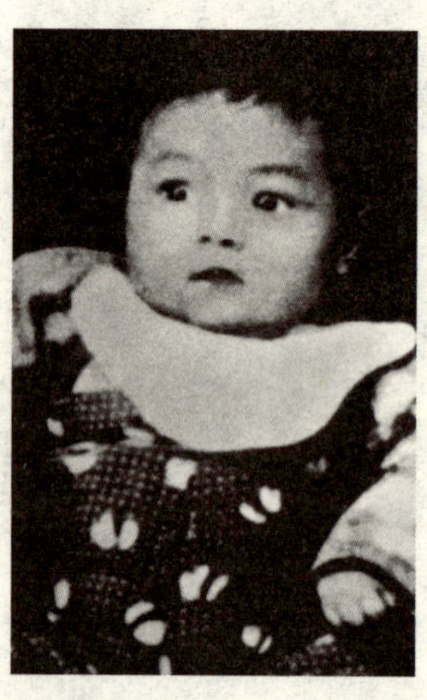
小萝卜头宋振中

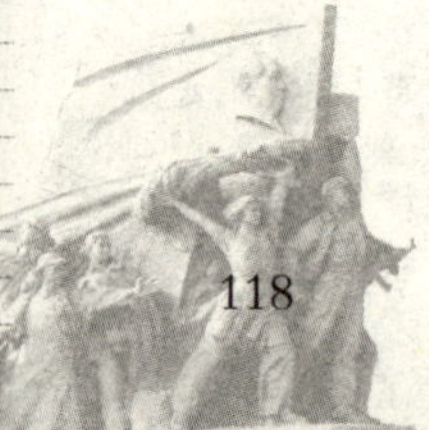

徐林侠

宋绮云

振中。由于小说《红岩》及据其改编的电影《烈火中永生》的巨大影响力，小萝卜头这个名字，几十年来，声名远扬，历久不息。

下面，我就给大家讲讲真实历史中的小萝卜头——宋振中烈士的一些故事。

宋振中生于1941年3月15日，他的父亲宋绮云和母亲徐林侠是中共地下党西北特支的党员。宋绮云是《西北文化日报》的总编，1941年9月，被国民党特务秘密逮捕关进贵州息烽集中营。两个月后，母亲徐林侠也被诱捕进了监狱。当时，宋振中仅八个月大，离不开母亲，就这样跟着母亲成了一个还需要吃奶的小囚犯。

在铁窗黑牢里，由于缺乏营养，没有正常的食品供应，宋振中的身体发育畸形，头大身小，模样令人怜爱，难友们都亲切地叫他小萝卜头。从此，小萝卜头这个名字越叫越响亮，以至真实的名字宋振中却不大被人提起。

★撒扑克神秘女，说往事不了情

我们先从十多年前的一件事说起。大约是1996年的一

天，在白公馆监狱旧址，一位中年妇女来到曾关押过小萝卜头的牢房门前，她手里拎着一个旅行袋，久久不肯离去。出于维护参观秩序的需要，我们的工作人员数次上前招呼她，请她看完展览就离开，不要长时间逗留，可是她却始终不加理会，并且不说一句话。后来，当参观的人流量稍稍小一些的时候，她将手中的旅行袋放在地下，从旅行袋里拿出了一副一副的扑克牌，又一副一副打开，然后一张一张地抽出扑克牌来，再一张一张地丢进了牢房。这位女同志的举动和她当时的表情，给人的感觉就两个字：神秘！这个神秘的女人究竟是谁呢？她为什么要做出如此神秘的举动呢？

在场的其他观众对她的举动大惑不解，我们的工作人员更是迷茫万分，只是呆呆地望着她，不知如何是好。神秘女人对周围人的反应全然不顾，丢啊，丢啊，最后整整丢完了100副扑克牌。丢完了以后，她站起来对还在发呆的工作人员说：我就是你们要找的李碧涛。

她就是李碧涛？小萝卜头在狱中唯一的小伙伴！

李碧涛

之前，我们从资料中了解到，小萝卜头在狱中有一个小伙伴叫李碧涛，后来被释放出狱。我们曾多方打听她的下落，却始终没有联络上，没想到，她竟然以这样神秘的方式出现在我们面前。

李碧涛的出现，让我们得以了解一些过去不曾知道的关于小萝卜头的狱中故事，这些故事对于李碧涛来说，真是一段永世难忘的经历。

1947年10月10日，12岁的李碧涛被关进了白公馆。前两天，10月8日，她的父亲李荫枫和母亲葛雅波被捕关押进了白公馆，现在她又被特务当作人质骗进白公馆，随母亲住在女牢房里。

她进监狱时已是晚上，第一印象就是牢房里弥漫着屎尿、血腥、潮湿混合起来的臭味，熏得人透不过气来；昏暗的灯光下，另有三张床上躺着人，都没吭声，只听到床板吱吱作响。第二天早上，伴着蜘蛛和一些不知名小虫子，在被子的酸臭味中迷迷糊糊醒来，回想起这两天莫名其妙的恐怖经历，又不知这是身在什么鬼地方，李碧涛不由得泪流满面。这时候，只见一个皮肤苍白、个头不高、身材瘦弱却顶着一个与身体很不协调的大脑袋的小男孩出现在面前。小男孩拉着李碧涛的手，以一个“老政治犯”的口吻对她说：“姐姐，你不要怕，不要哭，在这个地方要勇敢、坚强！”李碧涛一下怔住了，她不敢相信这么小的孩子竟能说出这样一句大道理。

这个小男孩就是小萝卜头，推算年龄，那会儿他才六岁半多一点儿，还不到七岁。两个小伙伴就这样相识了。当然，小萝卜头这个名字是后来听其他难友喊才知道的，当时，李碧涛听小萝卜头的妈妈叫的是“森森”，也就跟着叫小萝卜头为“森森”。

小萝卜头虽然年龄小许多，很多时候却像李碧涛的大哥哥。有一次，李碧涛受到特务责骂，难过得哭起来。为了安慰她，小萝卜头又想法子逗李碧涛开心：“姐姐，我们来玩玩具！”李碧涛苦笑说：“这个鬼地方能有什么好玩的玩具？”话未说完，只见小萝卜头“扑通”一声趴到地下，从铺满稻草的铺下抽出了几十张牛皮纸。小萝卜头说：“姐姐，这叫扑克牌，是这里的叔叔阿姨专门给我发明的，我先教你认，再教你玩，喏，记着哈，这是鬼，这个叫老开……”李碧涛一看，顿时哭笑不得：“你这哪是什么扑克牌呀，就是些牛皮纸嘛，而且画都没有画得像！”话音刚落，只见小萝卜头站起身来十分生气地说：“姐姐，你不要乱说，这是叔叔阿姨给我做的，你不相信可以去问……”李碧涛看着小萝卜头的认真劲儿，意识到小萝卜头从未有机会见过真正的扑克牌，不由得心里发酸，不忍心再说下去，强作笑脸陪小萝卜头玩起那副“扑克牌”来。就这样，两个处境相同的孩子成了彼此最好的玩伴。

几十年后，李碧涛都还清楚地记得，那几十张牛皮纸做的“扑克牌”，曾经是两个小伙伴在狱中打发时光的唯一玩具。但有一天，李碧涛一个人在玩这扑克牌的时候，被特务看守发现了，以她违反监规为由将扑克牌没收，并当面撕碎了。小萝卜头在狱中唯一的小玩具被毁了，李碧涛非常难过，觉得很对不起小萝卜头，心里发愿，今后若有机会，一定要赔给小萝卜头一副真正的、崭新漂亮的扑克牌。1948年1月10日，李碧涛怀着歉疚的心情随母亲被营救获释出狱。虽然与小萝卜头的相识相伴只有三个月的时间，虽然恨不得尽快离开白公馆这个鬼地方，多待一秒钟都不要，但当李碧涛与小萝卜头告别时，心中竟是那样的不舍。

约两年后，重庆解放时，解放军刚一进城，已是少女初长成的李碧涛就大着胆子，急不可待地步行十几公里，从城里跑

到沙坪坝打听小萝卜头的消息，得到的却是惊天的噩耗。解放后不久，李碧涛便随父母移居北京，多少年来，她一直没忘记自己对小萝卜头许下的心愿：有机会，一定要多带些扑克牌回到白公馆，再和小萝卜头痛痛快快地玩个够……

★ 树枝笔，勤奋学，奖红蓝铅笔

小萝卜头从小过着苦日子。我们曾经说过，他没受过酷刑折磨，但实际上，从婴儿时期起的暗无天日的监禁生活，对他而言，就是最惨无人道的残酷刑罚。在艰难困苦的环境中，小萝卜头比正常环境下长大的同龄儿童要聪明早熟得多。因此，小萝卜头还不到五岁的时候，当时还在贵州息烽监狱，他的父母就觉得应该让他有机会上学读书了，便向狱方提出了这个要求，可是遭到了狱方的拒绝。于是，小萝卜头的父亲宋绮云联合难友向狱方开展斗争，抗议狱方虐待孩子，孩子是无辜的。最后，狱方迫于难友们的压力，同意让小萝卜头学习，但规定不能外出学习，只能在狱中由难友来当老师。

小萝卜头要上学了，这在监狱里是一件很大的喜事，每个难友都为孩子准备了学习用具。父亲捡回一根树枝在地上不停地磨，把一头儿磨尖了作为笔送给小萝卜头；母亲撕下棉衣里的一块棉花用火烧焦后兑上水作为墨汁；牢房里的叔叔、阿姨省出一张张草纸，给小萝卜头做了几个练习本。小萝卜头就是带着这些学习工具到老师那里学习文化的。小萝卜头学习非常认真刻苦努力，他从老师们那里知道了监狱外边还有一个世界，知道了许多他从未见过、听过的东西。

小萝卜头最早的老师是罗世文和车耀先。1946年7月，息烽监狱撤销，小萝卜头随父母等“重要案犯”移押到重庆渣滓洞。8月，罗世文、车耀先同时遇难，此后，黄显声将军——

小萝卜头称呼他为黄伯伯——就一直担负着教小萝卜头读书学习的责任。

1947年1月，小萝卜头他们又被移押回白公馆。他在这里继续着学习生活，直到1949年2月。

黄显声

黄伯伯除了教小萝卜头学习语文、算术，还增加了地理、俄文等课程。有一次在听讲的时候，小萝卜头死死地盯住黄伯伯的手，两眼呆呆的。黄伯伯几次提醒小萝卜头要精力集中，注意听课，可是小萝卜头仍然盯着黄伯伯的手发呆。黄伯伯问："你在看什么？"小萝卜头慢慢地把黄伯伯的手举起来，好奇地问："黄伯伯，你手里的这支笔为什么一写就可以画出颜色和写出字来呢？为什么我的笔又大又粗，要蘸一下才能写一下呢？你是大人，我是小孩，你用这支大的，我用你手里的小的，我们两个换着用，好不好？"黄伯伯笑了一笑，解释说："我告诉你吧，我手里的笔，叫作红蓝铅笔，它里面有铅芯，而且是一头一种颜色，所以就可以直接写出字和画出两种颜色；而你手里的笔是用树枝做的，只是把一头磨尖了，里面没有铅芯，所以需要在墨碗里蘸一下才能够写一笔。"

听了黄伯伯的话，小萝卜头反复地看自己手中的这支树枝笔，不停地摇头。他忍不住用渴望的目光又死死地盯住黄伯伯手里的红蓝铅笔。

宋振中在狱中写字的红蓝铅笔

看见小萝卜头这个样子，黄伯伯

宋振中在狱中画的画（组一）

笑着说：“你非常喜欢这支笔？你想要我手里的这支笔？是吧？那没问题！但有个条件，只要你能用俄语同我说上几句话，我就可以把它奖励给你！”听见黄伯伯这样的话，小萝卜头顿时高兴得跳了起来！

为了能得到这支梦寐以求的红蓝铅笔，小萝卜头每天晚上睡觉前都躺在床上背俄文单词；早上天不亮起床，趴在铁窗下刻苦地学习。当他终于能够用简单的俄语同黄伯伯说几句话的时候，黄伯伯也兑现了自己的承诺，把那支红蓝铅笔奖励给了小萝卜头。

得到这支红蓝铅笔后，小萝卜头欢天喜地，跑回牢房，抱着爸爸、妈妈兴奋地说：“你们看，你们看！这才是真正的笔呢！”小萝卜头拿着这支笔是那样的幸福，他用纸把笔包起来，放在自己的内衣兜里藏起来，他再也舍不得用这支笔，他盼望着有一天出狱后，在黄伯伯说的教室里，在课桌前和同学们一起学习的时候再用这支笔。

1949年9月6日，年仅八岁半的小萝卜头与他的父母和杨虎城将军等一起被秘密杀害了。据说，解放后，当人们从地下挖出他的遗骸时，发现他的两只小手在胸前死死地握着，当把他那已经开始腐烂的小手轻轻打开的时候，里面攥着的正是那支短短的红蓝铅笔！

明善恶，秉童真，忆铁窗身世悲

在白公馆，小萝卜头每次从黄显声将军的牢房学习后出来，总喜欢坐在监狱底楼的栏杆上仰望天空呆呆地遐想。他想看破高墙铁网，他想出去看看。他想知道黄伯伯讲的老师、学校在哪里。他想看看黄伯伯说的城镇、街道是什么样子。有太多太多的东西，有整个监狱外的世界，他都渴望去了解去感受。

早在息烽监狱，小萝卜头更小的时候，一次，一个女特务走过来想拿小萝卜头开开心。女特务说：“小萝卜头，你叫我阿姨，我就给你吃块糖，这糖很好吃，是甜的！”小萝卜头看见女特务手里的糖，伸出手要去拿，女特务把手举高说：“先叫阿姨，后吃糖！”小萝卜头极不情愿地、慢慢地收回手，不停地往肚里咽口水，吞吞吐吐地说：“你不叫阿姨，你叫看守，是特务！”女特务瞪着眼睛说：“看守也该叫阿姨的呀！快叫，叫了给你吃糖！”小萝卜头的眼睛死死地看着那些糖，嘴里却仍然坚持说：“不，你不叫阿姨，你真的叫看守，叫特务！”女特务气急败坏，要去打小萝卜头，小萝卜头拔腿就跑回牢房。

晚上，小萝卜头久久不能入睡，他不停地问，什么是糖，糖是什么味道。他抱住妈妈问：“妈妈，妈妈，你怎么没

宋振中在狱中画的画（组二）

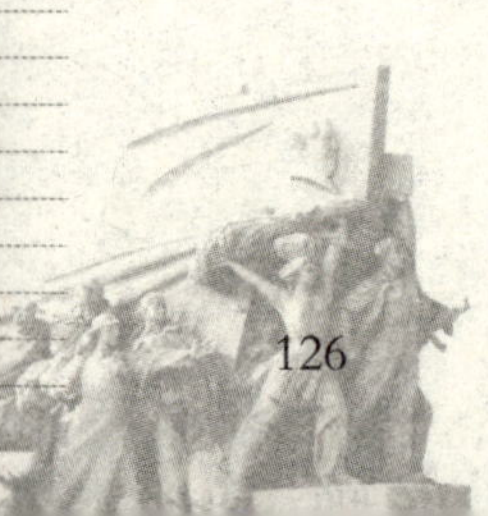

宋振中在狱中画的画（组三）

给我吃过糖啊？我们有没有糖啊？”妈妈不知所措，无可奈何地指着一旁的盐罐子说：“孩子，这就是糖，我们的糖就在里面，就是平时你吃过的味道呀！”

小萝卜头就是这样悲惨地在牢狱中度过他的童年的。

小萝卜头从小生活在铁窗黑牢里，据说，他只有一次见过监狱外的世界。那是他的母亲徐林侠身患重病，狱方不得不用轿子抬她到磁器口附近的一家医院去治疗，沿途为了照顾方便，特务让小萝卜头跟着一块出去。

当轿子抬出白公馆大门后，小萝卜头欢天喜地，连蹦带跳，他拼命地、认真地看眼前所出现的一切。房子、大树、汽车、公路、商店、土地庙……外面的世界真可爱，外面的世界真精彩，外面的世界，无论见过的没见过的，对小萝卜头来说，都是太新鲜、太好看了！

突然，小萝卜头看见一群跟他一样大的小孩，围着一棵大树跑来跑去的，他就情不自禁地向他们走了过去。还没走几步，一只大手便抓住他的脖子将他拽回，只听见特务说：“不要乱走，过来一起走。”他的脖子被卡住，但是他的眼睛还是死死地看着那些围着大树在乱跑的孩子。他真羡慕他们可以随便跑来跑去……

当轿子路过磁器口大街的时候，有家人正在办丧事，一

口漆黑的大棺材停放在路边。小萝卜头咋咋呼呼地问："妈妈，妈妈，那个黑糊糊的大家伙是干什么的呀？"母亲抬起头来一看，难过地对他说："孩子，那是棺材，人一进去就彻底自由了！"自由，自由啦！小萝卜头记住了这句话。回到白公馆，第二天他背着书包去上课的途中，在刘国铁的牢房门口悄悄地说："刘叔叔，妈妈说的，只要进了棺材就可以自由了，你想想办法去找找。"他又兴奋地对许晓轩说："许伯伯，找到棺材我们一起进去，这样我们就可以彻底自由啦！"白公馆的每一个难友听到小萝卜头这样嚷嚷，他们的心都在滴血，他们不知道该怎样向这个孩子解释棺材的真正含义。

★巧斗争，小英雄树千秋好楷模

在监狱这个特殊的环境中长大的小萝卜头，非常清楚地知道谁是好人，谁是坏人。他知道如何去帮助好人，也知道怎样与坏人做斗争。

在白公馆关押过的胡春浦同志，生前曾不止一次深情地回忆起他和小萝卜头接触的点点滴滴。有一天，他胃病复发，难以进食。突然小萝卜头出现在他的牢房门口，睁着大眼睛关切地问道："很难受吗？"胡春浦看着小萝卜头，用手压着胃，虚弱地点点头。小萝卜头又说："想吃点什么？告诉我！"胡春浦看着这个一脸严肃的小孩子，叹了口气，摇了摇头，苦笑着说："要是有点面条吃就好了！"其实，他心里知道，在监狱这种极其艰苦的环境里，要想吃到一碗面绝对只是奢望。可小萝卜头却说了声："好的，你等着，我一会儿就给你端来！"看着匆匆跑开的小萝卜头，胡春浦开心地笑了起来，他虽然并不相信真能吃上面条，但精神上已得到了一种从来没有过的安慰和战胜病痛的力量。

一个多小时后，胡春浦在睡梦中听见一个微弱的声音：“叔叔，叔叔，快过来吃面条，面条来了哦！”胡春浦立即从地铺上翻身起来，爬到门口一看，一时以为自己是在做梦，只见小萝卜头一双小手将一个装满了面条的大碗举得很高。小萝卜头说：“叔叔，快吃吧，我和妈妈给你煮得很烂的，不嚼都可以吞下的！”那一刻，胡春浦感动得直想落泪，他觉得太不可思议了，监狱里面居然还可以煮出这样的面条？他接过面条一口一口吃了起来，感觉这是有生以来最好吃的面条。他边吃边惊奇地问：“小萝卜头，你们是怎样弄到面条的？是在什么地方煮的呀？”只见小萝卜头神秘地撅着嘴说：“你先吃完，以后再慢慢告诉你!”

后来，胡春浦才知道，煮面条的锅是女牢房里吃完东西后的空罐头盒子，用的燃料却是小萝卜头从过道的油灯碗里一点一点“偷”的。原来，当时白公馆经常停电，特务就在油灯碗里装上菜油，放灯草在里面点燃照明，在过道、牢房门口、转弯处安放了七八盏这样的油灯。小萝卜头便经常乘特务吃饭的时候，利用自己穿的衣服又长又大，悄悄地提起一盏油灯藏在衣服中，拿回牢房把油倒在妈妈煮饭用的铁皮罐里，又悄悄地把油灯放回原处。为了攒够可以煮一次面条的油，小萝卜头要在不被看守发现的情况下，十几次甚至几十次地从油灯碗里去“偷油”。好几个难友在生病的时候都得到过小萝卜头的照顾，享受过这狱中难得的“营养面”。

这就是小萝卜头，一个可爱的、聪明的、勇敢的小英雄。如果还活着，他应是已年愈古稀的老人……

小萝卜头永远都是天真无邪的。他不懂得大人的“政治”究竟是什么，他牺牲时还不满九岁，却已是一个坐牢八年的“老政治犯”，最后又为政治而牺牲，成为新中国年纪最小

红岩烈士群雕

的革命烈士。铁窗黑牢里的暗无天日，无法阻挡他寻找自己的童趣；他身体瘦弱，却用一颗爱心撑起了难友们的精神天空；他没有与我们相似的成长经历，却比我们更珍爱知识和人生。他的生命永远凝固在八岁半的童年，为后世树立起千秋的楷模。

曾经有一对父母带着自己的孩子来到红岩革命历史博物馆陈列小萝卜头生平的展板和实物柜前，母亲从包里拿出了一大捆铅笔，对小孩说："你看小萝卜头，用的是树枝笔，本子是用草纸做的。你看你读书，用的是高级书包和文具盒；很多铅笔用了一次以后，削都不愿削，又要买新的。读书两三年，不用的铅笔这么大一捆，而且都是可以再用的。你看你是不是浪费？"小孩看着实物柜里的树枝笔，吞吞吐吐地说："妈妈，我错了，以后我把这些笔用完了，你再给我买新的，好吗？"一个很简单的对比，使小孩懂得了不该浪费。

《红岩魂》巡展在西安展出的时候，一所小学四年级一班的学生来展厅和我们搞共建活动。我们教他们讲解小萝卜头

小萝卜头塑像

的故事，让他们再讲给其他同学听。之前，这个班的学生在学校数学、语文比赛中都是名列第一的，但在红领巾比赛方面从来没有拿过奖。因为班里有的尖子学生不愿加入少先队，他们认为加入少先队影响功课，耽误学习，有参加集体活动的时间，不如多看点书。一个星期的共建活动后，当老师要求每个学生写一篇活动体会时，有个学生出人意料地写了一篇《我的入队申请书》。老师拿着这份入队申请书非常激动，带着这个孩子到展厅里向我们表示感谢，我送了一套书给那个孩子，并且向他提出：你能不能把现在心里最想说的话或者感受最深的事写在我们的观众留言簿上？这位小朋友拿起笔来在留言簿上写下：“愿该展览在全中国少年儿童心目中留下深刻印象，小萝卜头，我和你永远在一个中队！”

60多年过去了，小萝卜头宋振中永远是那样的年轻。他那天真的梦想今天已经变成了现实；他的渴望已经在今天无数的小朋友生活中得到了实现。让我们记住这位为新中国建立而牺牲的最小的烈士！

第八讲

宁关不屈示忠诚

——红岩烈士许晓轩

许晓轩是小说《红岩》中许云峰和齐晓轩的原型之一。他为国忘记小家，舍身保护同志，在狱友们心目中威信很高；作为狱中秘密党支部的核心成员，他在领导党员、团结难友对敌斗争中起到了重要作用。为表心志，他写下“宁关不屈”四字，表现了革命者坚贞不屈的革命意志和斗争到底的决心。

1999年7月14日，上海静安长宁街道许晓轩烈士事迹寻访团来到歌乐山烈士陵园。一位由戴着红领巾的小学生搀扶着的白发苍苍的老妪格外引人注目：她手捧一个布包，身穿一件黑色的衬衣，一步一步坚定地沿石阶而上。天空下着细雨，沉闷的空气凝聚了许多参观者的目光。“她是谁？”不停有人打听，许多参观者都自觉地为她让路。进入白公馆监狱后，老人不顾爬坡的劳累径直走到那棵石榴树下，望着枝繁叶茂的石榴树，老人热泪盈眶。许多参观者已经感觉到这是一位烈士家属，他们拿出相机咔嚓、咔嚓地拍下这一动人的情景。

两个少先队员帮助老人打开她手中的布包，我对着石榴树说：“许晓轩烈士，你的妻子看你来了！”老人走上前去，将布包中的土一点一点地撒在树坑里，她轻轻地说：这是我从家里带来的土，女儿德馨她们现在很好，你放心吧……把布包里的土全部撒完后，老人又从树坑里取出了一些土装进布包里，她边取土边说：我把这里的土带回去，放在花盆里，我们就可以在一起啦，我们一直都是在一起的……

这时，只听见一位观众兴奋地喊：快来照相，那是许云峰的妻子！人们一下子将这位老人团团围住，合影的、买书签字的，人们对英雄的崇拜、对家属的敬意在白公馆监狱形成了一个互动的高潮。

这位老人就是小说《红岩》中许云峰和齐晓轩的原型之一许晓轩烈士的妻子姜绮华。

★在抗日烽火里成长

许晓轩，学名永安，字小轩，1916年出生于江苏江都仙女庙镇（今江都市江都镇）。父亲许晴轩在镇江一个钱庄里做账

务总管，许晓轩出生不久，母亲就随父亲到了镇江。谁知在许晓轩12岁时，钱庄倒闭，父亲欠了一屁股的债，回到老家仙女庙镇，不久郁郁而死，留下妻子和三个孩子。许晓轩在15岁时就因生活所迫，不得不在本镇的震泰钱庄里当学徒。他每天勤勤恳恳地向师傅学业务。一盏孤灯伴随他度过了多少日夜，熬过了多少寒冬。功夫不负有心人，他终于学会了珠算、簿记和应酬往来，并当上了钱庄的会计。

许晓轩

这是一份不错的职业，许晓轩也非常喜欢。他和大多数人一样，寻求的是日复一日地工作，平平淡淡地生活。是什么改变了他的命运，又是谁在引导他改变命运？

1931年，“九一八”事变爆发。中国共产党发出了全民抗战的号召。全国抗日民主运动蓬勃兴起，爱国同胞纷纷起来反对蒋介石“攘外必先安内”的政策。地处苏北的仙女庙镇也不例外，抗日救国呼声四起。年仅15岁的许晓轩，常常与一些志同道合的青年一起，议论国家的前途和命运。

就在这时，许晓轩认识了在镇上电报局工作的陈世德老师。陈世德是进步组织苏州世界语学会的创办者，他曾和聂绀弩、胡愈之在上海发起成立在中国共产党的领导下开展抗日救亡和进步文化运动的中国左翼世界语者联盟，简称“语联”。陈世德在仙女庙镇电报局工作时，专门为附近的青年店员和学生组织了外语讲习班。许晓轩参加了这个外语讲习班，并在这里孜孜不倦地学习英语、世界语、新文字（汉语拼音）。陈老师在教授英语之余，还经常向大家讲述苏联十月革

命的故事，并把一位在莫斯科学习世界语的同志寄来的《莫斯科新闻》（英文版报纸）讲给大家听。他热情地带领大家学习时事、阅读进步刊物，如邹韬奋主办的《大众生活》、《新生》、《永生》等，和大家一起畅谈学习的心得体会，使大家的视野更加开阔。

陈世德老师的热情关怀和熏陶，成为许晓轩后来走上革命道路的强大动力。也就在那时，许晓轩将“小轩”改成了“晓轩”，一字之差，反映了他年少的抱负。

由于国民党特务的破坏，外语讲习班被迫关闭，陈世德老师也被逮捕。许晓轩经哥哥许瘦峰介绍进入无锡公益铁工厂。由于他办事非常认真，工作一丝不苟，经常独当一面，很受厂长赞赏，不到一年就被委任为财会主要负责人，相当于总会计的职务。

1936年，陈世德出狱后，和俞未平等筹建私立苏州全民流通图书馆，号召民众“为求民族生存，学习战时知识”，以实际行动支援抗战，团结了一批要求进步的青年，参加民族救亡运动。许晓轩也是董事之一，他热心为图书馆捐赠经费，征集图书，主办读书会，组织话剧队下乡为农民演出。为了宣传抗日救亡，他们还经常聚集在一起，或演唱救亡歌曲，或组织座谈会，讨论国家大事。

1937年“卢沟桥事变”后，无锡成立了青年界抗敌后援会，许晓轩当选为理事。8月13日，日军进攻上海，上海军民奋起抗战。工厂为防汉奸、防空袭，保护正常生产，以许晓轩为首，发起组织护厂大刀队。当时，上海抗日前线正缺乏兵工器材和手榴弹等武器，国民党政府的兵工署与厂长施之铨洽谈，要求工人承接军需用品的生产，支援前线。许晓轩热情宣传“国难当头，匹夫有责”的道理，提出“要国富民强，只有赶走日本帝国主义，工人自己当家做主”。在他的鼓励下，全

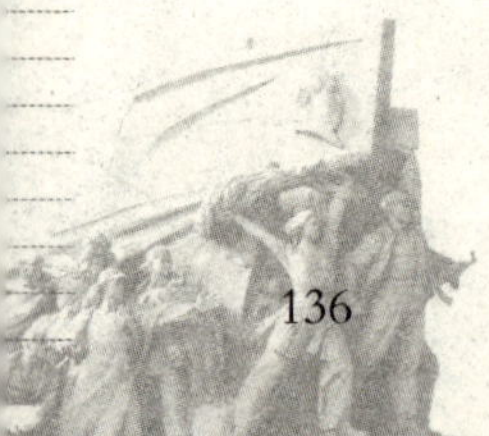

厂工友同心协力转入了军需生产。

陈世德是许晓轩走上革命道路的启蒙者，而将许晓轩身上的爱国思想同中国共产党的政治主张结合在一起，使许晓轩立志为共产主义奋斗终生的，却是另外一个人。

抗战前，四川地下党组织被破坏。抗战前后，四川各地地下党组织处于恢复重建中。1938年5月，地下党重庆市委成立。许晓轩经救国会领导人沙千里介绍，认识了职业青年互助会领导人杨修范。经杨修范介绍，许晓轩光荣地加入了中国共产党。为了适应抗战宣传组织工作，市委决定建立重庆青年工作委员会（简称“青委”），市委组织部长杨述兼任青委书记，杨修范、许晓轩任委员。地下党青年工作委员会通过职业青年互助会、青年自强读书会、战时书报供应社等青年社团组织，建立党团组织，发展进步力量。这个互助会是我党领导下的，组织青年学习理论、宣传抗日，促进统一行动的社会团体。会员有200多人，多数是公司职员，经常开展演讲会、壁报、歌咏、演剧、街头宣传等活动。互助会后来发展成读书会，还定期邀请社会知名人士举行演讲会、座谈会。

青年生活

《青年生活》

8月，南方局决定将重庆市委改为川东特委，重庆青委也改为川东青委，这时许晓轩担任青委宣传部长。为了宣传党的抗日民族统一战线，阐明党关于青年运动的方向和任务，提高青年的思想觉悟，青委决定创办《青年

生活》，许晓轩担任发行人。每期2000册左右，除了内部赠送外，也通过生活书店重庆分店销售。

★ 宁关不屈表心志

1939年，国民党发起了第一次反共高潮，他们用高压政策对付重庆的青年运动，职业青年互助会被停止活动，《青年生活》也被国民党军警查抄。青委组织内出现了叛徒，导致青委书记杨述1938年5月被捕，其后，青委宣传部长许晓轩也遭到叛徒的出卖被捕入狱。

在重庆红岩革命历史博物馆里，展出了许晓轩烈士的一封珍贵的遗书。这封遗书的内容非常简单，仅仅五个字“宁关不屈　安”。这封遗书表现了革命者坚贞不屈的革命意志和斗争到底的决心。

这封遗书是在什么环境下写的，又是如何被带出的呢？

1940年春，许晓轩在大溪沟21兵工厂分厂开会，会议一结束即被早已埋伏的特务逮捕。许晓轩被捕后，家里人曾四处打听，不知下落。后通过狱中的秘密关系传出消息，才知他被捕，关在重庆望龙门22号军统的一个看守所里。

宁关
不屈
安

许晓轩的遗书

许晓轩被捕后，家人曾四处设法营救，甚至找到许晓轩的同乡国民党元老吴稚晖去说情，但特务要许晓轩办自新手续，遭到许晓轩的坚决拒绝。为了表明自己的心志，他便用铅笔在包香烟的薄纸上写了“宁关不屈”四个字，托人捎出。信的落款是他读书时常用的“安”字。

青委书记杨述和宣传部长许晓轩被捕以后，中共中央南方局的董必武亲自出面向国民党交涉。杨述被营救出狱，而许晓轩却被继续关押。在望龙门看守所关押不久，许晓轩被转到军统白公馆看守所。1941年10月，白公馆看守所的全部犯人转入息烽监狱，许晓轩也从这里被转走。息烽监狱位于贵州息烽阳朗坝的小镇上。小镇四周是光秃秃的荒山，在这重峦叠嶂之中，有一块约20亩的平坝，这就是息烽集中营的本部所在地。为防止犯人越狱，顺着高低起伏的山坡，筑起了三道高墙。墙外有碉堡，分别由息烽警卫组、特务总队宪兵以及军事委员会特务第四团的一营兵力驻守。敌人当时称牢房为“斋房”，共有34个点，按忠、孝、仁、爱、信、义、和、平等来命名。其中义斋是专门关押女犯人的。囚禁的人统称“修养人”，在牢房里不准用真实姓名，而用号码代替。他们还强迫重要的政治犯改名，如罗世文即改名张世英。

贵州息烽监狱

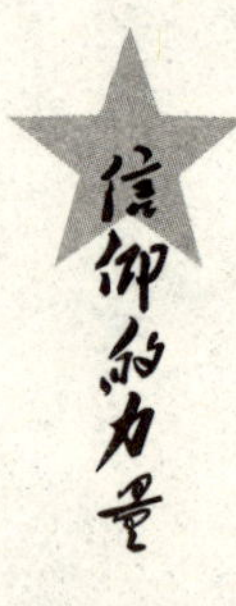

许晓轩被囚在信斋，编号是302号。集中营还囚禁了其他一些共产党人和爱国人士，如罗世文、车耀先、宋绮云、黄显声、阎继明、张醒民、李英毅、文泽、韩子栋等人。

1941年下半年，监狱主任周养浩以便于管理为由，提出了“监狱学校化”、“监狱生产化”两个口号，在加强所谓思想教育感化的同时，也开展生产业务。首先是建立一些工厂，进一步兼营商业和运输。当时办的工厂有印刷厂、缝纫部、雕刻部、木工部、洗衣部，还有汽车运输队和消费合作社等。凡是参加这些工作的都叫“工作修养人”。因为许晓轩雕刻技术精湛，被分配在雕刻部，雕刻模型，印刷信纸、信封及会计表册等。周养浩为了显示自己忠心，要许晓轩在两棵核桃树上刻“先忧后乐”、“效忠党国”。许晓轩踩着楼梯，将“先忧后乐”四个字刻完，就故意从楼梯上摔下来，其实是拒绝刻后面四个字。

许晓轩同志在狱中威信很高，难友们都十分尊敬他，他曾与谭沈明同志一起发动了反对监狱主任周养浩规定的所谓“一人逃跑，同室连坐”（即全室都受罚）的斗争。

狱中曾发生过两次犯人逃跑事件，都未成功，被抓了回来。由于大家团结一致，坚决斗争，敌人也没敢用“同室连坐”的办法来处罚难友。

在监狱里，许晓轩同志仍坚持学习。每天早上天刚亮，就开始学习外文。晚上，利用走道上透进来的微弱的桐油灯光读书，天天如此。他在狱中通过两三年自学，就能翻译一般的俄文著作，同时还自学英文，读《孙子兵法》。有人好奇地问他：“为什么连这样的书都看？”他说：“我们搞政治的人，只要有时间，什么书都要看。既来之，则安之，应充分利用时间，为将来打好基础。”

一位难友回忆说：“许晓轩同志对人态度和蔼，肯帮助

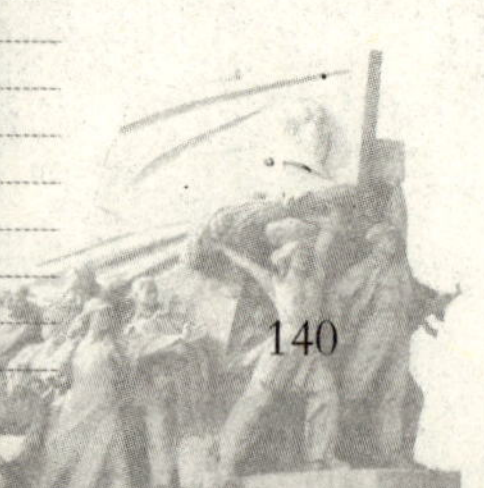

罗世文

人。谁愿意学外文，他都热情地教。有次教我练习俄文的弹音，由于我舌头不大灵活，他叫我把头闷在装有水的洗脸盆里反复练习。”

罗世文同志在狱中说话很有号召力，难友们都爱听他讲话。许晓轩同志常与他接触，他们组成了狱中秘密支部。秘密支部成立后，领导难友展开了反连坐法、争取改善生活、筹划越狱的斗争。狱中支部从成立到息烽集中营撤销，一直是息烽集中营内领导党员、团结难友对敌斗争的核心和坚强堡垒。

★ 大智大勇化险情

在重庆白公馆监狱曾经发生过这样一件事：一天狱中一位青年难友突然遭到特务的暴打，特务边打边追问：“这纸条上的消息是从哪里来的，是谁写的？”接着又是一阵鞭打声，难友们怒视着凶残的敌人，每打一下就像抽在自己心上。

“住手！那纸条是我写的。”洪钟般的声音从楼下一间牢房传出。

看守慌了手脚，紧握皮鞭的手高悬着，视线转到楼下平一室，结结巴巴地说：“你，又，又是你，许晓轩，给我出来！”

牢门开了，许晓轩同志步出牢房。

看守问：“是你写的？消息从哪里来的？”

“消息是你们提供的。有次放风的时候，我看到你们办公室的门开着，我便进去从你们的报纸上看到的这消息。”

特务哪能相信，拿出报纸叫许晓轩查找。一页一页翻去，果然找到了这条消息。特务又让对笔迹。许晓轩坐下，一丝不苟地在纸上写出了同样的仿宋字。敌特虽气急败坏，但却怕事态闹大，追查起来，会处罚他们失职。于是将许晓轩戴上重镣，关进地牢。这件事就这样平息了下来。

这纸条究竟是怎么一回事呢？真的是许晓轩写的吗？他又是从哪里得到的这些消息呢？

陈然

原来，真正书写纸条的是《挺进报》特支书记陈然。陈然被捕后，关押在黄显声将军的隔壁，中间还有一道木门。黄显声将军在狱中能够看到报纸，于是他将报纸从门缝里悄悄传给陈然，陈然看后，就把上面有用的信息摘录下来，再通过秘密渠道传给难友。这就是难友们称的《挺进报》白公馆版。

具有丰富地下斗争经验的许晓轩，在赞赏陈然的同时提出，今后的字迹一律用仿宋体，敌人追查时可以避免暴露。同时，纸条仅限于小范围内传看，看后可以向其他人传达。因为事前已做好了周密的安排，因此在紧急情况下，避免了更大的破坏。

敌人见对许晓轩来硬的不行，就改用软的花招。他们曾派他当会计并诱以相当高的津贴。他却回答说：“我对倒马桶、洗茅房很有兴趣。”又有一次，看守所长丁敏之甚至说：“我们打算释放你，并介绍你去教书。”许晓轩回答：“无条件放出去，再谈工作吧！”敌人碰了一鼻子灰，无可奈何，都说他是一位很难对付的共产党员。

长期的监禁是非常摧残人的意志的，坚定的理想信念是支撑革命意志的最大基础。理想信念的力量是精神的、意识的，它也可以转化为对行为的支持，这种行为是任何痛苦和摧残都无法动摇的。

★ 多情更添英雄色

入党后的许晓轩更忙了，一方面，为了党的工作，他的职业经常更换，先在复兴铁工厂，后到国民党的液体燃料管理委员会，又到中华职业教育社，还在沙坪坝开过青年书店，他必须用大量的精力来适应新的环境；另一方面，当时抗日救亡运动开展得如火如荼，许多抗日救亡的工作需要开展。当时他母亲和姐姐与他们住在一起，他的母亲看不过去，几次埋怨他不顾家。他只有耐心地给母亲解释："我不是不爱孩子，不爱这个家，实在是工作抽不开身。有国才有家，只有国家安定了，才会有家庭的安宁。"好在妻子理解他，虽然她不明白丈夫的工作性质，但是她知道丈夫是一个有志向的男人，不是贪恋老婆孩子热炕头的平庸之辈。当母亲责难时，她反过来替丈夫解围。许晓轩很感谢妻子，同时也充满了愧疚。确实，因忙于工作，太冷落妻子和孩子了，使家不像家，他在心里多次告诫自己，有时间一定抽空陪陪母亲、妻子、儿子。

许晓轩和姜绮华的婚姻，是典型的中国传统婚姻，"父母之命，媒妁之言"。虽没有花前月下、卿卿我我的浪漫恋爱经历，他们夫妻之间也是恩爱有加。1936年年底，他们的第一个孩子出生了。

不久，一场灾难的降临，几乎使这个家庭破裂，也将许晓轩逼向了绝境。这是一场什么样的灾难，会差点击垮这位被狱中难友们公认为最坚强的革命者呢？

许晓轩为人热情侠义，经常带同志到家里小住，不知怎地，其中一位就将疟疾传染给了他们一岁多的儿子。当时，许晓轩在外忙于工作，姜绮华一个家庭妇女，在家急得团团转，好不容易等到丈夫回家，将孩子送到医院，孩子已经没救了。眼睁睁地看着孩子在自己的手上断了气，姜绮华痛不欲生。一向贤淑、温柔的她，此时竟对着许晓轩大哭大吵，要他还儿子。此时此刻，任何安慰的话对妻子来说，都是苍白无力的。他紧紧搂抱着已经咽气的孩子，听凭妻子的打骂，眼泪像断线的珠子，滚落在儿子蜡黄的小脸上，仿佛是要洗去他心中的内疚。

儿子的夭折，对夫妇俩是一个沉重的打击。特别是姜绮华，经常是在半夜梦中醒来，呼唤着儿子的名字，仿佛儿子就在身边，但当看到一切皆空时，却又伤心抹泪。而对于许晓轩，很长一段时间里，想起儿子，他的心就隐隐作痛。孩子要满两岁了，已经会叫爸爸妈妈了，每当他拖着疲惫的身躯回到家里时，只要儿子没睡，就会奶声奶气地叫爸爸，伸出双手要他抱。孩子，让他感到了家的温馨，扫却了他的疲惫。可现在，这一切的一切，都成为过去了，怎不心痛啊。更让他痛苦的是，他还得把这份痛苦掩藏起来，去好言劝慰妻子，开导妻子，抚平妻子心灵的伤痛。

许晓轩一面强抑着丧子的痛苦，一面一如既往地投身于革命工作中。

1939年8月，他们的第二个孩子出生了。孩子的到来，给这个家庭增添了无穷的快乐，许晓轩给女儿取名德馨。

许晓轩像常人一样，有自己的家庭，有自己的子女，他也非常爱自己的家人，但是作为一个有政治信仰的人，他不但为“小家”，他更爱“大家”。

红岩英烈，长期以来一直是中国人民关注的焦点。由于历史和观念的原因，我们对红岩英烈的宣传更多的是突出他们大

义凛然、英勇不屈的一面，而对他们的婚恋和情感世界却关注甚少，人们对他们的认识，很多时候带有神化的色彩，他们仿佛是一些可望而不可即、不食人间烟火的神。然而，他们毕竟不是神，而是有血有肉、情感极其丰富的人。随着史实的不断充实和丰富完善，研究领域的进一步拓展，我们有幸走进他们的情感世界。透过他们的情感生活，我们发现，他们和芸芸众生一样工作，一样快乐，一样痛苦，一样笑，一样哭，一样品尝着爱情的酸甜苦辣，一样承受着婚变的撕肝裂肺，一样生儿育女，一样被家事亲情所困所累。不同的是，他们除经历常人所经历的喜怒哀乐外，还要承担着选择信仰后的责任。正因为如此，当他们义无反顾、前仆后继壮烈牺牲时，他们的那份情感才显得那么动人心魄。我们从中也更加清晰地看到了一个个更加立体、丰满和充满人格与人性魅力的大写的人。

作为一个革命者，许晓轩可以说问心无愧，但是作为儿子，作为丈夫，作为父亲，他感到欠家人的太多。他在1941年3月7日给哥哥的信中写道：

> 想到母亲，我也很觉有罪，当时我偶尔回家，总是淡然的。记得母亲说过我是哑巴，真是的，为什么我不能体会到老人家的心情呢？这自然是时代的距离，可是对于伟大的母亲，竟能这样淡然忘之吗？想来想去，我觉这仍是由于稚气所致（这绝非想掩饰，确系实情，至少是此时作如此想法）。此外我还检讨出我从父母继承到的性格，从父亲那里继承到了淡泊和大度，从母亲那里继承到了扶弱抗强，这些在后来我走的道路上都曾起过积极作用的，也可说是二老给我的宝贵产业，我会好好保存和发扬它的。
>
> 现在我没有什么可以安慰母亲了，说我还活着吗？然而何时可以回家呢？想来还不如不提起也许可以省掉一番伤心

吧，今后还请你继续替我多尽一份责任，衷心感谢你！

1947年4月，转押到白公馆的许晓轩，已经与家人有六年未曾通信了，这时，他通过狱中关系，给妻子写了一封信，信中这样写道：

华：

七年了！从二十九年清明节，我们抱着馨儿在屋后面小山坐着，看到德华走失了路，哭着由警察伴了回家——从那时到现在，七年怕都过了一两个月了吧。七年是很长的一段时间，那么你受苦的时间也很长了。我实在对不起你，让你苦痛了这样久，而就是现在，我还是没有办法来安慰你。除掉说我还活着之外，还有什么可说的呢，还有就是我心里很不安。如此而已，不是想不出话说，而是无法说出实在可靠、可以兑现的话来安慰你啊。

七年，我当然也很不容易度过，可是我的苦只是外形的，偶然的，有时伤一两天脑筋，也就完了。并且我自己清楚苦的来源，因此我想得开，也不会失望和悲观。在你情形完全不同，我可以想得出，你是长时间沉在苦恼里的。就像我只有暂时的苦恼一样，你这几年当中，怕也只有遇暂时愉快，或者只有遇暂时的离开苦痛吧！

几年来，我闲着无聊时，常常拿回想过去旧事作消遣。在回想里当然也有我们过去的生活，每次想到我们在会府住着的一段生活，我就记起自己的过错了。（实在应该说是“认清了”的，因为那时候我并没有想到有什么不对的。）那时你让我帮助你读书，而我总是马马虎虎的，结果是打断了你的兴头，你也就松了下来。其余想的还很多，此地没法细讲的。有时我也想到将来，有时更乱想一顿，像做梦一

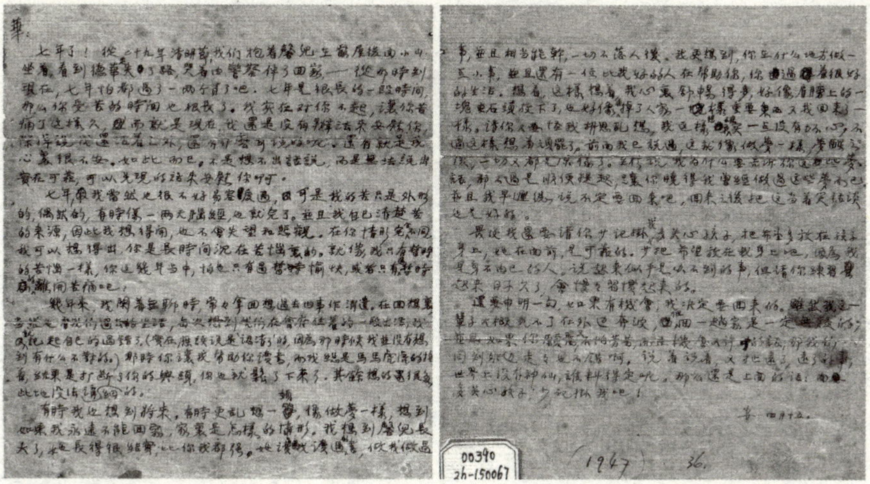

许晓轩狱中写给爱人姜绮华的信

样，想到如果我永远不能回家，家里是怎样的情形，我想到馨儿长大了，她长得很结实，比你我都强。她读我读过的书，做我做过的事，并且相当能干，一切不落人后。我更想到，你在什么地方做一点小事，并且还有一位比我好的人在帮助你，你过着很好的生活。这样想着，我心里舒畅得多，好像肩膀上的一块重石头放下了，也好像丢掉了人家一样重要东西又找回来了一样。请你不要怪我胡思乱想，我这样想确实一点没有坏心，不过这样想着玩罢了。前面我已说过，这就像做梦一样，梦醒之后，一切又都是原样了。至于说我为什么要告诉你这些梦的话，那不过是顺便提起，让你觉得我曾经做过这些梦而已，并且我早迟总说不定要回来吧，回来之后把这当着笑话谈也是好的。

最后我还要请你少记挂我，多关心孩子，把希望多放在孩子身上，她在面前，是可靠的。少把希望放在我身上吧，因为我是身不由己的人。说起来似乎是办不到的事，但请你练习起来，会慢慢习惯起来的。

还要申明一句，如果有机会，我决定要回来的。虽然

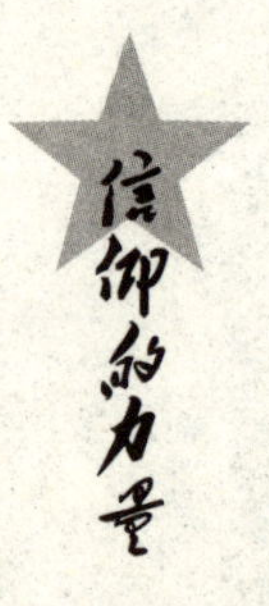

说这一辈子大概免不了在外边奔波，但回一趟家是一定无疑的。并且如果你愿意，又不怕劳苦，而且机会又许可的话，那我们一同到外边走走也不错啊。说着说着，又扯远了，远了的事，世界上没有神仙，谁料得准呢。那么还是上面的话，多关心孩子，少记挂我吧！

安　四月十五

许晓轩的妻子姜绮华为营救丈夫而四处奔波，但是最终她得来的是丈夫死于重庆解放前的大屠杀的噩耗。老人解放后一直未再嫁，她说："他在我心中的位置没法取代……"许晓轩被逮捕的时候，他的女儿许德馨只有八个月。1947年，许晓轩再次被押回重庆的时候，家里收到一封从狱中带出的信，许德馨这样回忆道："有一次，父亲从狱中托人转来了一封信，更准确地说，这不是信而是他革命意志的自白，是斗争到底的宣言！后来越狱出来的同志说，敌人对我父亲软硬兼施。开始，强迫他在烈日下做苦工，酷刑拷打，但是无法从他嘴里得到一个字。敌人不得不承认严刑在我父亲身上是无效的，审讯更是多余。于是，他们改用软的，妄图以释放为钓饵，要父亲在《悔过书》上签字，但父亲直截了当地说：'要枪毙，请便！要我签字，休想！'"

不悲身世不思鄉百结鍊成鐵石腸
止水生涯天可鑒愁城滋味我親嘗
追懷舊友心長在向往新人志益强
吟罷小詩成腹稿英雄事業堪風霜
胞弟曉軒烈士獄中遺作　瘦峰

许瘦峰《胞弟晓轩烈士狱中遗作》

★ 临难寄语传千古

1949年11月27日，国民党反动派对集中营的革命者开始了大屠杀，制造了震惊中外的“11·27”大血案。

许晓轩坐牢九年，英勇斗争，坚贞不屈，早把生死置之度外。他曾从容地对难友说：“如果我临死的时候，敌人问我有什么要求，我就说要看当天的《新华日报》，看后死无

上海静安区许晓轩烈士事迹巡访团参观白公馆

许晓轩之女许德馨向烈士墓献花

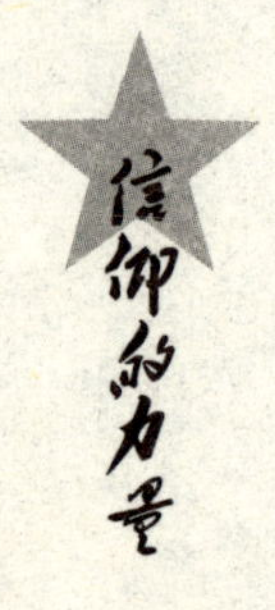

遗憾了。”在这生死攸关的时刻，他通过黑牢的窗口凝视着新中国的曙光，怀着对党的深厚感情和崇高的共产主义理想，他留下了口头遗言：“……请转告党，我做到了党教导我的一切，在生命的最后几分钟，仍将这样……希望组织上经常注意整党、整风，清除非无产阶级意识。”当刽子手叫他出来的时候，许晓轩把自己身上的一件棉衣脱下，披在一位难友身上说：“同志穿上吧！它对你有用的。”随即大步跨出牢房。他从容不迫、气宇轩昂地走向刑场。许晓轩牺牲时年仅33岁。三天后，重庆回到人民手中。

许晓轩以自己的思考和总结向党组织提出了肺腑之言，“希望组织上经常注意整党、整风，清除非无产阶级意识”。他以自己狱内外的生活经历，特别是狱中斗争的现实，感到“整党、整风”的必要性和重要性。监狱里“悔过自新”就能够获得出狱，出卖组织和同志就能够获得“新生”，每个人都随时处在“两个世界”之间。长期的监禁摧残人性，坐牢与出狱考验思想，死亡和生存必须选择。狱中党组织加强对党员的气节教育，要求党员坚定立场，不背叛信仰。这种精神上、思想上的崇高是建立在对党的情感和对党的目标的认同的基础上的。党的组织能够健康发展是狱中党员的最大心愿，党能够战胜各种“非无产阶级意识”是战斗力、生命力持续的关键，国家的长治久安也是烈士们生命不朽的最大意义。

第九讲

“疯老头”虎口越狱

——脱险志士韩子栋

韩子栋是小说《红岩》中“疯老头”华子良的原型。他刚39岁时，就已齿落发白、步履蹒跚；他头脑正常，却不得不佯装疯癫麻痹敌人。而在凶残暴虐的狱中，他却可以操办伙食和小卖部，可以借机去镇上采买，可以为大家传递消息。也正是这特殊的“待遇”，使他机智地抓住时机，逃出牢狱，获得重生。

韩子栋

1947年11月，北风怒号，寒气逼人。在河南卫南县耿范村村口，一个头发花白、衣衫褴褛的“老头”在蹒跚地行走着。突然，地上一张解放军的标语吸引了他的注意。他欣喜若狂地捡起仔细端详后，见四周无人，悄悄揣进怀里，快步走进村里。当四周满墙的解放军标语映入眼帘的时候，“老头”哭了，那沟壑纵横、写满沧桑的脸上全是浑浊的泪水。14年不见天日，历尽艰辛，终于“回家”了！

这个“老头”便是小说《红岩》中“疯老头”华子良的原型韩子栋，时年39岁，只因长期牢狱生活的折磨，早已齿落发白，俨然一个花甲老人。25岁到39岁，本该是一个男人精力最旺盛、工作能力最强的时期，但他却在国民党的秘密监狱里，面对着铁窗黑墙，忍受着严刑拷打。生命的光辉在一种生死未卜、前途渺茫的无尽折磨中渐渐褪去了色彩，只有心底最深处那股信仰的力量支撑着他，驱赶对名利的贪念、对死亡的恐惧，支撑他成功越狱，辗转半个中国，到达解放区，回到党的怀抱。下面就请各位跟随我的讲述，走进韩子栋的传奇人生。

★从国民党党员到共产党特工

1909年，韩子栋出生于山东省阳谷县一个普通农民家庭，小时候读过几年私塾。思想守旧的父亲本希望他弃学务

农，过安稳日子，却遭到了韩子栋的坚决反对。天生叛逆的他不愿意重复祖祖辈辈面朝黄土背朝天的生活，希望用知识改变自己的命运，到更大的世界去闯荡。于是在哥哥的支持下，韩子栋于1925年考入聊城的山东省立二中。1926年，国共两党合作领导了轰轰烈烈的北伐战争，思想活跃、血气方刚的韩子栋被国民党当时所表现出的“革命性、进步性”蒙蔽，在省立二中加入了国民党，主要开展工运、农运活动。本以为自己找准了人生的方向，正要努力工作，实现抱负，可慢慢地，韩子栋感到有些不对劲了……

山东阳谷县有一片碱性土地，不产粮食，只产盐。当地贫苦农民别无他法，只好以晒卖小盐营生。没想到北伐军到后，国民党为掌控税收，严禁私自晒盐，并强迫当地人民完粮纳税。这种无理行为无异于掐断了盐民们的生活命脉，逼得大家奋起抗议。可国民党初则推脱支吾，后来干脆捏造说卫生署化验小盐有毒，把盐民们逼上了绝路。这些行为，令开展当地农运工作的韩子栋十分愤怒。可他人微言轻，无力改变局面，最终只好愤然离开。这件事让韩子栋开始重新审视自己的政治选择，他对国民党的“革命性、进步性”产生了怀疑。

1929年夏，韩子栋受国民党山东省党部指派，赴淄川鲁大煤矿组织工会，同时负责监视一个叫周月波的人。但韩子栋到鲁大煤矿后，发现周月波是一个为工人争取利益、维护工人权利、深受工人信任和爱戴的人，不由得对周月波产生了敬佩之情。尔后他俩相互配合，维护工人利益，并组织工人团结起来坚持八小时工作制。矿区资本家为瓦解他们，派人找韩子栋，表示愿送他到日本留学，希望他“维护矿区利益”。面对诱惑，韩子栋说：“工会委员不为工人利益工作，还有什么存在价值？”他严词拒绝了矿区资本家的要求。正在他为维护工人的合法权益与周月波一起积极筹备罢工时，突然收到朋友发来的“即速离开淄博，愈快愈好，切勿迟延”的电报。韩子栋知有变故，急将此消息通知周月波，并立即离开矿区回到老家。原来韩子栋的活动引起了国民党山东省党部的不满，给他定了一个图谋暴动的罪名，并永远开除党籍，还派人到矿区抓捕他。韩子栋离开矿区后，国民党山东省党部在全省发出了通缉他的命令。

此时的韩子栋感到无比沮丧和失落：自己一心追求进步，竟落得如此田地；更可悲的是，自己曾经信赖、追随的组织现在竟发了疯似的抓捕自己。正当他茫然无措时，命运却为他打开了另一扇大门，并从此改变了他的人生轨迹。

1930年，21岁的韩子栋被迫离开山东，来到北平。一天，当他饿着肚子徘徊街头时，忽见墙上广告栏里只剩半截的私立山东中学招生广告，他立刻找上门去，拜见了学校的董事长李澄之、校长郝任夫。李、郝二人都是开明人士，又是山东老乡，对韩子栋的遭遇深表同情，爽快地答应将他安排在校读书，继而又介绍他去春秋书店当店员。由于韩子栋勤奋努力，不久就成为书店的营业部经理。积攒了一些钱后，他又考入中国大学经济系就读，成为半工半读的学生。

这个春秋书店，除销售一般书刊外，还暗中销售革命书籍。在经营图书的过程中，韩子栋也在拼命地阅读进步书刊，其思想发生了深刻的变化。有一个名叫周怡的顾客，常来书店与韩子栋聊天，后彼此成为知心朋友。周怡是中共地下党员，抗日战争时期曾担任八路军驻渝联络处负责人，八路军驻渝办事处成立后，任办事处副处长。此时，他正设法建立地下党的联络点。通过长期观察了解，深入谈心，周怡对韩子栋建立起了信任，逐渐向他谈起了共产党。韩子栋听后非常激动，喜不自禁，兴奋地握住周怡的手说：“加入中国共产党是我多年来的愿望，没想到你能主动跟我提起，我相信自己这次

的选择没错。”

从参加国民党到被开除党籍再到要求加入共产党，这对韩子栋其实是一种必然，让我们来梳理一下其中的脉络。

怀着济世救民思想的韩子栋，以为加入国民党后就能够实现自己的抱负。然而几年的亲身经历使他看到国民党已经完全背离了孙中山先生的三民主义，俨然是为某些利益集团服务的工具，反动、腐朽、落后。他对国民党已丧失了信心。而对于共产党，韩子栋并不陌生。国共合作时期，与他共事的人中有不少是共产党员，从中韩子栋初步了解了共产党的理论知识。随着时局的发展，共产党在一些关键问题上的做法和政见更让韩子栋认识到，只有共产党才是真正为人民谋利益的政党。从此，韩子栋开始努力寻找共产党，争取向共产党靠拢。

1932年1月，由周怡介绍，韩子栋在北平加入了中国共产党。韩子栋说：“从这天起，我觉得我靠近了太阳，找到了光明，成了最幸福的人。”韩子栋入党后，直接受周怡领导。从此，春秋书店成了中共中央保卫局北方分局（又叫北方政治保卫局）的联络点，也就是“北京特科”的秘密工作点。

“北京特科”由一批赤胆忠心的共产主义战士组成，是党的秘密机构，受在上海的党中央和中共北方局领导，他们严格遵守周恩来的指示：“不与党的地方组织发生联系，单独进行情报、兵运、保卫、锄奸等活动。”在北方他们利用各种方式为党提供各方重要情报。韩子栋正是在“北京特科”的历练下才成长为特殊材料制成的钢铁战士的。

★ 十四年牢狱生活

1932年春，蒋介石为强化特务统治，让戴笠派得力干将去

主持华北工作，戴笠遂派力行社特务处副处长郑介民去北平建立华北区组织，由郑介民兼任华北区区长，同年秋改由王天木接任，这就是当时习称的“蓝衣社”。为截取情报，保卫党组织安全，韩子栋按照周怡的指示，打入“蓝衣社”，为党从事情报工作。

“蓝衣社”以组为单位，严禁社员发生横向关系，这给韩子栋开展工作带来很大障碍，但他很快找到了办法。韩子栋利用可以发展社员的条件，发动国民党员，尤其是国民党的公费生加入“蓝衣社”。他们散在各组中，又都和韩子栋有联系，这样他就能很巧妙地从他们口中知道“蓝衣社”在各机关、团体、学校的人数及其活动情况等，但这种方式很容易引起这些人的怀疑。

机智的韩子栋很快找到了“蓝衣社”的弱点——其内部黄埔与非黄埔、南方与北方之间的派系矛盾。他极力地扩大这种矛盾，使之尖锐化。在和组员交流中，他经常故意说：“要在‘蓝衣社’中站住脚，就必须一要有靠山，二要有力量。如果自己没有靠山，没有力量，就只有白白地当人家的牺牲品。我认为没有靠山的人应该团结起来，在各种冲突中发展自己的力量，以自己的力量使能当靠山的人主动找我们。”韩子栋的这个观点渐渐得到了组员的认可，他们默认“蓝衣社”北平支部负责人之一的孔福民为他们的领袖，组成自己的小团体。他们在这种小团体里，可以自由交换意见，报告自己组内的情况。这样无形中韩子栋便与其他人发生了横向的组织关系。这个关系发生的效力不小，不但完成了党的工作，而且加剧了“蓝衣社”内部的派系斗争。韩子栋就是在这样极其复杂和十分艰难的环境里，出色地完成了地下党交给他的任务。

但是由于特务机关推行“人后有人，互相监视”的制

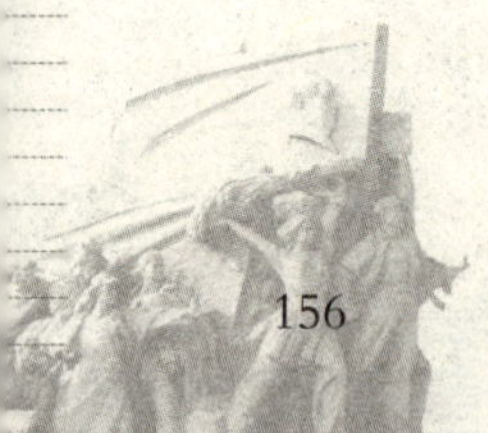

度，不过半年时间，韩子栋就被人密报，受到上司的怀疑。正在这节骨眼上，他母亲病重，催他回家。他也想借此避避风头，于是请假回家暂住了三个月，看看没有什么动静，又重返北平。但在他返回北平不久，即遭逮捕，从此开始了漫长的梦魇般的铁窗生活。

韩子栋被捕以后，先关在军事委员会北平分会，随即又转往宪兵三团接受审问。宪兵三团团长蒋孝先及其手下特务处长丁昌，都以酷刑拷打、杀人如麻而著称。故社会上街谈巷议，都把宪兵三团喊作“阎王殿”。韩子栋在宪兵三团连续惨遭拷打之后，身体十分虚弱，一次刚上“飞机 ”（一种酷刑的名称，受刑时跪在地上，两个施刑者拉住受刑者的双手，使劲踩压在受刑者膝关节后的木杠子），便昏死过去。法医来做检查，却给他填了个死亡证书。

在韩子栋被捕前，敌特内部由于失密严重，正互相攻击、内讧。韩子栋被捕后，敌特内部各派都暗施诡计，拿他当攻垮对方的炮弹。如今韩子栋暴毙，主审特务害怕担当“杀人灭口”的罪名，便立刻叫医生赶来，打针注射，花了很大力气，才将韩子栋从阎王那里抢救了回来。

此后，特务停止了对韩子栋的审讯，将他转往南京军统秘密监狱。监狱里的生活环境极其恶劣：常年不见阳光，空气潮湿污浊，伙食粗劣。对于这些，韩子栋在他出狱后所写的《我在秘密监狱十四年报告书》中有段形象的描写，我们不妨看看：

> 饭是吃的红大米拌沙子、石头、谷子、稗子，另外加头发。饭到口里，牙齿打的是游击战，尽量躲过石头、沙子找寻米，但是我的牙齿始终没训练好，往往碰到硬东西，小石头、沙子，咯嘣一下子，大小总要吃点亏，所以

在吃饭的时候，我全身的细胞，都得提高了警觉，可惜成绩仍是不好。我年未满四十，牙齿除脱落了的外，其余的也只能食软性食物。夏天吃的当然是黏黏糊糊的臭饭。好在早晨有顿稀饭，每天早晨稀饭一来，我便把裤子一拉（不准用腰带、挽裤腰），尽量向肚皮袋里灌，灌的满满的，再也没法装了，才算为止。蔬菜呢？简直是活糟蹋名词，我不必一点一滴地叙述一顿饭有几片黄菜叶，我只说明一件事就够了。他们规定每一礼拜吃一次肉，一次油豆腐，一次白豆腐。如果能名副其实，在中国农村破产、几千万农民饥寒交迫的时候，有这种菜，囚徒们应该知足。可是事实呢？每次两点（我不忍说它是块）豆腐，每一点的大小至多也不过是像麻将牌那么大。肉呢？切工堪称天下绝技，厚一点的树叶，比那肉片不会再厚。肉皮占肉片的面积，就是不到三分之二至低也有二分之一。每次（即每一礼拜）也算是有两片吧！没有住过蒋介石秘密监狱的人，看到这里，也许是已经气愤了，我请且慢。“老鼠拉

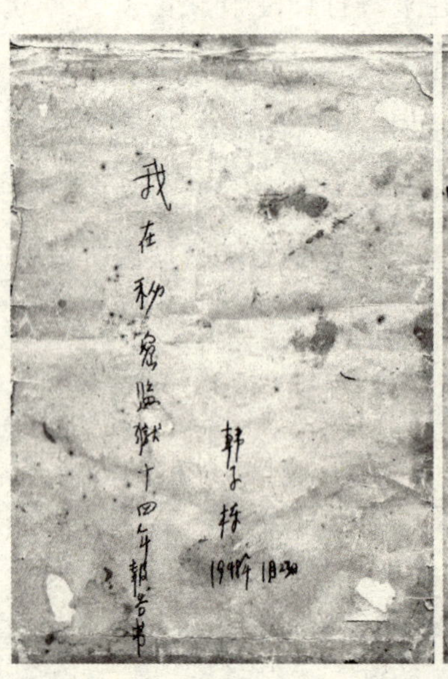
我在秘密监狱十四年报告书

韩子栋

1948年 1月30

放在前头

我安适的躺在[illegible]把这一回想过去十四年的往事，这是我在几个月前不敢想像的，今天居然办到了，你说我心里有多么痛快呵！我应该一面笑一面写。可是十四年的生活太惨痛了！沉重的心把笑压得死死的。当我想到最痛苦、最悲惨的地方，有好几次不能不放下笔，跑到河边上，默默的看那流水，一阵突然的愤怒，想把那河抓起来摔到天的那边去！

26岁到四十岁，在别人是最幸福、工作力最强的时代，我和法西斯猫喉咙的悲惨的搏斗，整整的[illegible]了我这个十四年。我一面想一面恨，这篇报告就在想与恨的交织中写出来的。

韩子栋1948年所写《我在秘密监狱十四年报告书》（部分）

木掀，大头在后边。”使你气愤的还在后边呢！

我自从进了蒋介石的秘密监狱，一直到抗战发生那年的七月一日，搬进新落成的秘密监狱，除了理发外，我再没有出屋门的命运。在受刑之余，接着就是这种不见天，不见太阳，潮湿霉气、碳气（呼出的）、浊气（大小便一个桶放在室内）和营养不足的生活，皮肤病、风湿、盲肠炎（慢性）等逐渐加剧地缠绕了我的身体。

读到这里，大家也许会跟我一样心头泛酸吧。有人会说：与其这样，倒不如一死了之。可哪会这么容易呢？特务们就是要让我们的革命者在那种求生不得、求死不能的折磨中消磨意志。他们为了得到想要的答案，连痛快地死去都是对革命者的恩赐，他们没有那么仁慈。

抗战爆发后，韩子栋又和其他政治犯一起由南京转湖北武汉，又经武汉转湖南益阳，1939年转往贵州息烽监狱。

在息烽监狱和韩子栋同关一室的，多半都是军统的违纪分

刑具：脚镣、手铐、老虎凳

子。韩子栋既未承认自己的共产党员身份，事实上也不是军统的违纪人员。这种特殊的身份，虽起了一定的掩护作用，但也带给他无穷无尽的烦恼。狱中地下党员把他当作军统分子，而军统人员又视其为组织中的叛徒，他就在这“姥姥不疼，舅舅不爱”的夹缝里生活了五年。因此，在狱中的韩子栋一直保持着地下斗争时期养成的谨言慎行的习惯，除了经过长期观察认为绝对可靠的人员，可以相互交流、坦承身份外，平时不多言语，也不参与各派的争论。

讲到这里，可能大家会问：“韩子栋不是‘疯老头’的原型吗？但是现在呈现在我们面前的绝对是一个极其正常甚至机智勇敢的中共党员啊。”

根据我们现有的档案资料及上世纪80年代我对韩老的多次采访，可以得出如下结论：韩子栋虽身陷囹圄，但始终没有放弃革命信仰和活着出去为党继续工作的希望。而这一切的基础就是要有良好的身体状况。因此他在狱中利用一切可能的条件锻炼身体，磨炼意志，有意识地为今后越狱做准备。如，在狭小的牢房里来回走动，他调侃地称为“屋中旅行”；用牙齿脱落的牙床去嚼煮饭的锅巴，直至满嘴是血，这是为了培养自己越狱后对野外生活的适应。他沉默寡言，即使偶尔开口也是满嘴山东话，南方人几乎听不懂。再加上他属于北方地下党组织，与南方地下党组织没有关系，也不好交流。因此在很多难友看来，他的确是个“怪人”，后来经过小说《红岩》的艺术加工，“疯老头”的形象就跃然纸上了。

下面，我们还是回到韩子栋的故事。

息烽监狱首任典狱长（主任）何子祯，天性凶恶暴戾，眼睛一眨，便能生出许多害人的鬼点子。息烽监狱最初在他的主管下，恣意摧残和草菅人命的程度，旷古未闻。故当时社会上只要听到“息烽”二字，便莫不毛骨悚然。

因何子祯过于凶残，政治犯挺身反抗，狱内风波迭起。戴笠害怕军统名声太坏，难以收场，遂将何免职，改由“面善”的周养浩接替。1942年，周养浩上任后立马打出“改革狱政，建设新监”的旗号。接着又提出“监狱学校化”、“监狱劳动化”、“实现本狱自给自足”的所谓“狱中新政”，称犯人为“修养人”。为缓和仇恨和对立情绪，周养浩一反何子祯的高压残暴之道，摆出一副“开明管理”的姿态，其目的在于粉饰他们长期欺压政治犯的暴行。

周养浩还宣布“修养人”每天可“散步”一小时，后来又改为上下午各一小时，最后改成白天房门不关了，难友们可以在院子里自由活动。实行“新政”以后，韩子栋整日晒太阳，几乎成了“黑人”，他的风湿病、皮肤病都因为经常实行日光浴的关系，渐渐痊愈，这是他健康恢复的开始。

长期以来，狱中伙食经过层层克扣，饭菜一直十分粗劣，弄得大家骨瘦如柴，怨声四起。为平息众怒，监狱当局决定将伙食交给“修养人”主办，并提名韩子栋为搞伙食的“工作修养人”。以后还让其兼管狱中小卖部。韩子栋将狱中小卖部搞得红红火火，由此赢得了当局的“信任”。

1946年，韩子栋又转到重庆白公馆关押，狱中伙食同样非常粗劣。看守长在犯人的强烈抗议下，也将伙食交由韩子栋操办。因为他比较“听话”，长期关押有点“傻”了，且老家在山东，重庆人生地不熟，不会横生枝节。而韩子栋也将白公馆的伙食搞得像模像样，故特务对他更为放心，他也因此获得了较为自由的活动空间。由于操办伙食的需要，韩子栋常去磁器口镇上购物，这使他有机会摸清了沿途及四周的环境情况，为今后的越狱打下了基础。

信仰的力量

★越狱成功

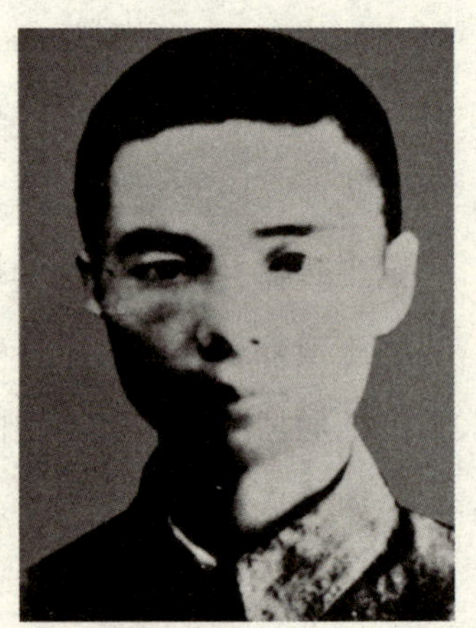
谭沈明

在白公馆监狱中，曾经有一个非常秘密的临时党支部，许晓轩任支书，韩子栋和谭沈明任支委。他们多次策划集体越狱或单人伺机逃跑的计划，但由于白公馆看守力量的加强以及被关押人员变动性大等原因，集体越狱几乎不可能。在这种情况下，韩子栋接受了许晓轩和谭沈明的建议：抓住一切机会跑出去。跑一个是一个，出去后有责任将狱中情况向党汇报。韩子栋利用外出买菜的机会，弄清了白公馆周围的地理、地形、壕沟、驻军、岗哨、道路等情况，除了口头告诉许晓轩、谭沈明外，还冒着极大的风险绘制了一张地图交给许晓轩，又从小卖部换了8万元钱给他们越狱备用。同时，他自己也积极为越狱做准备：加大了每天的运动量；为了能够更好地麻痹特务，他愈发"疯癫"，顽强地蛰伏着，积蓄力量，等待时机。

现在，我们可以试图还原一下难友们当时的心理状况：大家都想出去，但也很清楚困难重重。这时候，谁能最终逃离魔窟似乎已不那么重要了，即使不是自己，那也是斗争的胜利。难友们互相支持、鼓励，在生死面前表现出了异于常人的大度和冷静。

1947年8月18日下午一时许，在盛暑的烈日下，看守卢兆春像往常一样带着韩子栋到磁器口买菜。韩子栋为拖延时间，提出到沙坪坝去请卢兆春吃冷食，可卢兆春怕热不愿意去。正当韩子栋感到有些失望、准备挑着菜回白公馆时，碰到了

数年前在阳朗坝监狱的一个老管理员胡维景。他和卢兆春是熟人，便约卢去不远处他家里打麻将，牌鬼卢兆春欣然应允。

到胡家后，又碰巧来了两个卢的熟人，胡维景因有人请吃饭出去了，胡太太就陪着三位客人打牌，仅剩下一位勤务兵陪着韩子栋在门外乘凉。那个勤务兵对牌也有兴趣，不时走进屋里去“观战”，来回好几趟都见韩子栋在那里坐着，悠然自得地挥着扇子，慢慢也就放松了警惕。

韩子栋意识到：逃跑的最佳时机来了！

他拿出两万元，请勤务兵去买西瓜，并说：“拣顶好的买，最好买点冰来冰一下，剩下的钱你坐车，不要给我啦。”韩子栋知道，西瓜加冰两样加起来也不过用几千元钱，剩下的让勤务兵找点外快，他当然乐意。

勤务兵一走，韩子栋也出发了，他来到磁器口河边急迫地四处张望，当看见有一只小船在河边时，他急忙跑去，对船工说：“我有很急的事情，请你把我渡过江去！”船工看韩子栋那着急的样子，没有讲条件就让韩子栋上了船，然后向对岸的江北石马河划去。船还未在河边停稳，韩子栋就扔下钱，跳下水向岸上跑去。他不敢走大路，专拣小路或没有路的地方走。为了避免警犬的追踪，他换了草鞋，并只要看见水塘和河沟就毫不犹豫地从水中蹚过。他一口气跑了六个小时。

此时的韩子栋39岁，本应正是年富力强的时候，但长期的监狱关押使他身体非常虚弱，当他在一个靠山的小洞里坐下时，一倒下就睡着了。韩子栋说：“那一觉睡醒后，浑身都是被蚊子叮咬的红肿疙瘩，不知道是哪个好心人放了两个玉米在我身边，我吃了后又立即赶路，几经周折终于到了河南。”

在河南，韩子栋找到了郑绍发。郑绍发，人称郑大发子，自称是蒋介石的胞兄，曾跑到重庆找蒋介石认亲，蒋介石没有见他，只是叫人拿了些钱给他，让他回家。但是，郑大发

子一心只想认亲，不愿回家，蒋介石怕他有辱自己，便下令把他关了起来。郑大发子与韩子栋曾住在同一间牢房里，他主动向韩子栋讲了他的事情，并特别感激韩子栋对他的关照，还多次表示今后有困难可到河南找他，并给了他家庭地址。韩子栋在河南找到郑大发子后，通过他的关系弄到了通行证，当他终于找到解放军时，激动得热血上涌，语无伦次。这就是最开始我所描述的那个场景。

韩子栋参加地下党领导的工人活动有3年多的时间，加入党组织从事“红色特工”活动才1年的时间，而坐牢就有14年。他是以怎样的意志如此地坚持？他是靠什么支撑他的内心平衡？我想这是一个让现代人不得不深思的问题。

★燃烧的晚霞

从1986年到1992年去世之前，韩子栋都十分关心重庆歌乐山烈士陵园的建设发展，对我们从来都是有求必应。

1986年8月，我应韩老的邀请去北京参加小萝卜头塑像揭幕仪式。当天应他的要求，我去得很早。韩子栋见到我后对我说：“叫你早点来，是想和你谈谈。”他问我：“你对我这个小战友的情况熟悉不熟悉？”我说：“知道得不多。”于是，韩子栋告诉我：“小说《红岩》为什么在社会上那样受欢迎，几十年了还有许多的读者？就是因为很多内容是在真实的历史基础上形成的，有的人物情节几乎是当时情况的再现。小萝卜头就是一个例子。”他指着许许多多穿着漂亮衣服来参加揭幕仪式的少年儿童继续对我说：“孩子们很喜欢小萝卜头，因为他们是同龄人。搞社会教育工作，不能是大人、小孩都一个样子，得因人施教。你对孩子讲叶挺将军怎样坐穿牢底，他不明白，但是你给他讲监狱里小萝卜头怎样去争

取学习，怎样想像蝴蝶那样飞出去，他们就有兴趣。这一点你在工作中一定要注意，可不能忽视。我这次叫你来参加开幕式，就是要你亲自感受一下。”我很感动地说：“韩老您不但做了很多有益的社会活动，对儿童教育的心理方面也做了不少的研究。很感谢您的指点，我一定利用好小萝卜头这个形象做好对青少年的教育工作。”几年后，当我开始设计创作《红岩魂、中国魂、民族魂》报告的时候，我牢记韩子栋对我的嘱托，在充分调查和研究资料的基础上，从小萝卜头八个月被关进监狱、九岁被杀害的悲惨童年这个时间特点入手，运用拿树枝笔学习、拒绝吃特务的糖、希望进棺材获得自由这三个典型情节，声情并茂地向成千上万的听众讲述了小萝卜头的故事。每当我在台上讲小萝卜头的故事时，我总看见有听众在擦眼泪。每当学校邀请我专门去讲小萝卜头的故事时，我总被学生全神贯注的情绪所打动。而我每次在长时间的掌声中站起来的时候，我的眼前总会出现韩子栋那微笑的面容。

小萝卜头塑像

1988年，我开始策划在全国大规模地搞巡回展览。刚一开始，在许多地方出现了收不抵支的情况。经济的亏损，使许多非议扑面而来，曾有一段时间我问过自己：是不是搞错了？该不该搞？韩子栋知道这个情况后，打电话问我：“你在每个地方展览有没有人说这个展览不该搞？”我回答说没有。他又问：“展览的内容上你自己有把握没有？”我笑着回答：“展览的这些内容您最清楚，最了解。而且我自己是第一个被这些内容打动的观众，否则我不会去搞的。”韩子栋听了我的回答后，很坚定、很大声地在电话里对我说：“好，说得好！厉华同志，你记住我给你说的这句话：路遥知马力，日

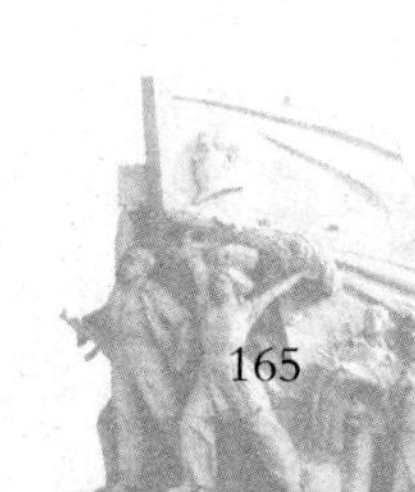

久见人心。我把你当成是我的朋友，我希望你坚持下去，有什么困难，想一想我这个坐了十多年牢的朋友，现在不还是在奋斗吗？……”韩老的一席话让我信心倍增。《红岩魂》展览在全国从1996年出现的火爆情况，印证了韩子栋的话。《红岩魂》展览内容的吸引力是永久的，《红岩魂》展览的那段历史在人民心中是永存的。

1990年，韩子栋受中国关心下一代工作委员会和中国优生优育协会的委托，筹办“小萝卜头少儿工作委员会”。他以小萝卜头老战友的身份，在全国各地的学校讲述小萝卜头的故事，利用他的影响和关系筹资在北京、贵阳等地建造小萝卜头塑像。重庆巴县冬笋坝小学是韩子栋生前去过两次的学校，他为这个学校建造了小萝卜头的塑像，他在这个学校向农村的孩子讲述如何像小萝卜头那样努力学习、追求光明。韩子栋当时已身患癌症，每次这样的活动对他来说都要忍受极大的痛苦。有一次，我要求他一定要注意保养和休息，他很风趣地对我说：“马克思叫我报到的时间是定了的，与小战友见面的时候，我相信他不会说我是无意义地多活了几十年！”

韩子栋认为自己比那些牺牲在狱中的难友不知幸福多少，他的身上背负着难友们的希望和嘱托。他始终认为自己有义务去讲述他所经历的人和事，否则多活这几十年是没有任何意义的。

1992年5月，我突然收到韩子栋同志治丧委员会寄来的讣告。我不敢相信这是真的！直到韩老的女儿韩秀融打来电话，我才不得不接受这一沉痛的事实。我委托烈士陵园的老馆长张天午亲自去贵阳参加韩子栋的追悼会，老馆长带回了一张5月30日的《贵州日报》，上面有一篇《燃烧的晚霞——记韩子栋生命的最后日子》，“燃烧的晚霞”是韩子栋为重庆退休教师协会编的一本书题写的书名。燃烧的晚霞，这正是韩子栋的真实写照！

第十讲

在烈火中永生

——叶挺将军

他是人民军队的创建者之一，被称为“共产党第一任总司令”；北伐抗战，他率领新旧四军立下了汗马功劳；皖南事变，千古奇冤，震惊中外，他被推向风口浪尖；被囚禁在“活棺材”里，他拒绝了国民党的威逼利诱，用生命写下了荡气回肠、正气淋漓的《囚歌》。十年流亡，五年牢监，苍白了他的头发，更坚强了他的意志，他的一切，将伴随烈火与热血，得到永生。

在军统重庆歌乐山集中营这个特殊的战场，共产党人和革命志士的伟大斗争精神和高尚的气节表现出一种信仰的力量。有了这种力量，面对敌人的威逼利诱，富贵不能淫；有了这种力量，面对长期监禁折磨，威武不能屈；有了这种力量，面对死亡威胁而义无反顾！

为人进出的门紧锁着，
为狗爬出的洞敞开着，
一个声音高叫着：
——爬出来呵，给尔自由！
我渴望着自由，但也深知道
人的躯体那能由狗的洞子爬出！
我只能期待着，那一天，
地下的火冲腾，
把这活棺材和我一齐烧掉，
我应该在烈火和热血中
得到永生。

这是被囚在集中营里的革命者的信念、意志、人格、尊严、价值的写照，是红岩烈士人生实践的真实写照。

这首诗的作者是谁？他是在怎样的情况下写出这首诗的？这一讲就让我们一起走进红岩，了解这首诗的作者——叶挺将军。

★北伐名将

叶挺原名叶为询，字希夷，1896年出生于广东惠阳。他是中国人民解放军的创建者之一。叶挺毕业于保定陆军军官学校，曾任孙中山大元帅府宪兵司令部参谋长等职，后赴苏联进

入莫斯科东方大学和苏联红军大学学习，学习期间加入中国共产党。北伐时期，曾任国民革命军第四军独立团团长、第十一军第二十四师师长等职，屡建战功，被誉为“北伐名将”。

新四军军长叶挺

1927年，他参加领导南昌起义，代理前敌总指挥；参加广州起义，任起义军总司令；失败后流亡海外而脱党。抗战爆发前，叶挺回到祖国，国民党许以高官厚禄，要他反共，但遭到拒绝。抗战爆发后，中国共产党领导的江南游击队改编为新四军，奔赴抗日战场。因叶挺曾在北伐时任第四军独立团团长，党中央考虑由叶挺任新四军军长。叶挺欣然受命，前往延安。毛泽东在欢迎会上致辞：“我们今天为什么欢迎叶挺军长呢？因为他是北伐名将，他愿意担任我们新四军军长，他赞成我党的抗日民族统一战线政策，所以我们欢迎他。”叶挺在致答谢词时，以激动的心情表达了他回归革命队伍的决心，他说：“革命好比爬山，许多同志不怕山高路险，勇于登攀；我有一段，爬到半山，又折回头去，如今才追赶上来。今后一定在党中央领导下，与大家团结一致，抗战到底！”

在叶挺领导下，新四军纵横驰骋于扬子江头、淮河之滨，与日伪军作战4000余次，战功卓著。毛泽东高度评价“军长叶挺，领导抗敌，卓著勋劳”。

1940年10月，蒋介石指使军委会参谋总长何应钦，向八路军总司令朱德、新四军军长叶挺发出代电，强令在长江、黄河以南的新四军、八路军在一个月内全部开赴黄河以北。为顾全

抗战大局，中共中央同意将驻皖南新四军部队移防江北。

1939年新四军军长叶挺在安徽云岭新四军军部

★ 千古奇冤

1941年1月4日，新四军军部及所属部队9000余人，从泾县云岭北移，6日行进到茂林地区，遭到国民党军7个师8万余人突然袭击，我军历时7个昼夜浴血奋战，除1000多人突出重围、一部分人被俘外，数千人壮烈牺牲。副军长项英被杀害，军长叶挺为挽救部队，只身前往敌营谈判而遭扣押。这就是震惊中外的“皖南事变”。

叶挺下山孤身闯敌营的时间是1941年1月14日下午。当时，经过几天残酷的战斗，新四军军部已大部分被打散，任中共东南局副书记的饶漱石，以商量的口吻向叶挺提出：“你是北伐名将，与顾祝同又有同窗之谊，估计国民党绝不敢加害于你，能否请你去三战区长官部与顾谈判，争取他们让出一条路来，让我们渡江北上。”叶挺道：“身为败军之将，手中无一兵一卒，哪来与人谈判的条件。”沉思有顷，又补充说：“广州起义失败，我离开党十有余年。此一惨痛教训，我实刻骨铭心。宁肯战死沙场，也发誓不能再有第二次。在这关键时刻，我决不能离开革命队伍一步。”

饶漱石这时以党组织的领导身份，进一步对叶挺说：“问题的性质十分清楚，不是你自己要去，而是执行军党委

的决定，此事我自会电告党中央；同时在座的同志——时军部军法处长李一氓，组织部副部长余立金、参谋处长张元寿、军医处长王聿先等均在场，只要有任何一人突围出去，日后均可向中央证明，是党组织决定派你去的。”叶挺见事情提到组织原则的高度，又默思了一阵，正色答称：“作为党的决定，我自然服从。”

于是，叶挺携同王聿先和副官、警卫员等下山谈判，当即被扣。当晚被关押在攻打新四军主力之一的国民党第52师的师部，16日送到国民党第32集团军总司令上官云相总部，17日送到国民党第三战区司令长官顾祝同总部所在地江西上饶的李村关押。在李村附近的其他地方，还关押着被俘的几千名新四军将士，形成了上饶集中营，由康泽特务系统派驻第三战区任特派员的张超负责管理。顾祝同为拉拢叶挺，给了他相当高的生活待遇。由于叶挺拒绝了顾祝同等人的多次劝降，当年7月叶挺又被转到广西桂林七星岩的一个山洞关押，由军统驻桂林办事处负责管理，此后，叶挺就一直由军统负责监视或关押。

早在北伐战争时期，叶挺就以指挥灵活、骁勇善战而闻名。蒋介石非常欣赏叶挺的军事才干，长期以来总想拉拢叶挺为他带兵，但都遭到拒绝。面对蒋介石的多次威逼利诱，叶挺坚决要求：查明事变真相，释放官兵！如责任在我，甘愿坐穿牢底，著书写作，以度余年。

绝不委曲求全，绝不放弃一个军人的神圣尊严，是一个革命军人坚持抗战救亡图存的信仰追求。

★铁窗励志

1942年1月3日，叶挺被押送到重庆。下飞机的时候，他手

提一盏油灯，别人问白日为何举灯，叶挺回答说天还未明。天还未明，这既是对国民党的黑暗所给予的辛辣讽刺，也表明了叶挺决不屈服的意志。

飞机到达之前，军统局司法处处长沈维翰早通知特务团团长杨清植带便衣人员在机场戒严，总务处长沈醉也赶赴机场“照料”。

叶挺下了飞机，杨清植、沈醉早迎上去，向叶挺立正敬礼。叶挺很客气地点了点头。杨清植害怕有人劫狱，早为叶挺准备了一乘轿子，轿门和帘子被严密遮盖。叶挺很不高兴，不想坐轿，杨清植却一直请他坐。双方僵持了一会儿，叶挺才勉强同意。在轿中他思考着，如何才能打破敌特的封锁，设法与党取得联系。情急之下，他声言急需如厕。入厕后，他取出纸笔，在一张纸上飞快写下：“翰笙弟：我已被押解来渝，任光在我身边阵亡。希夷。”而在另一张纸上写道：“请拾到此信的朋友，买一信封，邮寄本市中国电影制片厂阳翰笙先生收，感激不尽。所附五元钞票，权作酬谢。”随后，他将纸条

周恩来与阳翰笙

连同五元钱，用砖头压好，转身出门。

乾坤朗朗，多生侠义之人，此信后来竟真的送到阳翰笙手中。据阳老回忆文章称：

有一天，我在重庆突然收到一封意外的来信。白色的信封，工整地写着中国电影制片厂的地址和我的名字，下面没有写发信地址。拆开来一看，啊，原来是叶挺亲笔写的字条……我怀着兴奋紧张的心情，立即拿着这封信去找周恩来同志。他一看到信，就惊喜地说："好！我们正在设法找他呢！反动派玩弄阴谋诡计，说他生活得好，很自由，全是鬼话！有了这封信，我就可以立刻去找蒋介石。"

叶挺到重庆后，立即被囚于望龙门22号杨清植公馆。尽管上官云相、顾祝同等一干人对叶挺的拉拢均告失败，但蒋介石仍希望说服叶挺，又令曾帮他"引掖贤才"的老手陈诚，以老同学、袍泽的关系去做叶挺的工作。

陈诚当时是湖北省政府主席，国民党第六战区司令官。他与叶挺都是保定军官学校毕业，之后又同在粤军第一师任职，私交一向很好。因此他认为很有把握把叶挺"转化"过来。

自从被囚禁以来，为抗议国民党的无理关押，叶挺一直拒绝理发，到重庆时，已须长数寸，发若秋草。听说陈诚将要探望，戴笠指示沈醉，立刻带上新衣和理发师前去，敦劝叶挺理发更衣。但无论沈醉怎样劝说，叶挺只坚持一条，不获无条件释放，决不整容。沈醉在他的回忆中这样写道：

有天戴告诉我，六战区陈诚司令长官要去看叶，要我给叶理好头发，换一套好点的衣服，房间弄整洁。

我带一理发师和副官去见叶，我先和他谈了一些生活起

居，他表示没有什么要求。最后我兜了一个大圈子，说重庆的天气如何热得难受，许多人头上长虱子一类的话，劝他把头发稍许剪短一点。话刚出口，他便猜到我的用意，马上严肃对我表示，不获无条件释放，他不剪头发，天再热也能忍受，叫我不要替他担心，对我印象最深的一句话是：我决不会为了见我所不愿见的任何人而修整须发。由于话不投机，衣服也不肯换，带去几套衣服他试都不肯试一下。

不日，陈诚来到狱中，一阵寒暄之后，陈诚试探着问道："我想请你出去做事。如果愿意，就暂时屈就第六战区副司令长官，或者挂一个高参名义什么的，都可以。"叶挺马上明白了陈诚的来意，他厉声质问："蒋介石有什么理由袭击新四军，为什么捏造叛变的罪名把我扣押，把新四军指战员镣铐加身投入监狱？为什么在国家、民族生死存亡的关头做出这种令亲者痛仇者快的事情？"接着他又表示：除恢复新四军，继续由他担任军长，其他职务概不考虑。他真挚地对陈诚说："念在我们故交的分上，请你帮助，将新四军被俘人员全部放了。希望辞修兄体谅我的处境，尊重我的人格和政治抉择，不要逼我去做我不愿意做的事情。"陈诚见叶挺态度如此，只好告退而去。

眼见众多说客都以失败而告终，蒋介石不得不亲自出马。1942年5月12日，由第三战区副司令长官兼参谋长的郭忏作陪，蒋介石亲自劝降，威逼利诱，但都被叶挺巧妙地顶回去了。这件事的过程，叶挺事后亲笔追记了一个"笔录"。这份保存在中央档案馆的笔录真迹，还原了当年鲜为人知的历史一幕。笔录是这样记载的：

三一年五月十二日晚上八时半

甲步入客厅频点首，口哼哼不止。三人三角对坐

甲：身体很好？

乙：还好！

甲：一年来修养怎样？有什么反省觉悟的地方？这几年没有很好让尔做点事。

乙：屡经挫折失败，自觉能力薄弱，无法应付环境。

甲：尔这人太老实，上了人家的当还不觉悟，人家叫尔回去尔就回去，叫尔打就打，人家利用尔完了还会杀了尔。去年（实是前年）为什么不来见我就跑回去，人家要尔回去，尔就回去。

乙：因为辞职没批准，只好回去，△△△案子我已尽了自己的能力，第一次给我们移动的命令是我到上饶去商议决定的。大意是：因皖南敌情和地形关系无法渡江，必须走苏南渡江过苏北，在移动期间苏南皖南各军部署不变动。假如调几师迫在我们周围则我是不能负责的，我预早已说过了，又渡江必须经过重重封锁线，必然会对敌作战，所以弹药须酌量发给。但到后来这个命令完全变更了，第二次命令要我们依期限由皖南渡江，又新调来了三个师连原有的共七个师，在我们一百里路内的周围，弹药又不发给，这个时候我打电去辞职，又没有批准。我只好带着部下去逃命，孝经上有这样说：小杖则受大杖则逃，我们不善逃命而至遭受灭亡，则是我对部下不起。现在上饶还监禁几百干部，我对他们应该负责。我处置失当，我愿受军法裁判。

甲（大声）：尔的部下就是△△党，他们破坏抗战，搅乱后方，尔上了当还不觉悟，还对他们负责，这样我关起一百多人是我错了吗？

乙：如果这样说，△△军开始就不应该成立了。

甲：话就说到这里止！再说就不好听，尔是不是△△党？

乙：到现在止，我没有任何党籍。

甲：尔觉得△△党对，尔就到那里去，尔觉得国民党对，尔就到国民党来，没有中立的地方。我指示尔一条正路，尔能绝对服从我，跟我走，尔一定可以得成功，不然，尔就算完了。

乙：我早已决定我已经完了。

甲：也不是那样意思，我叫尔到第二战区去好好休养，尔的前途是光明的。

乙：如果照这样做，大家一定说我自私，怕法律处置，我不能这样做。

甲：回去好好想一想，同郭司令商量好了答复我。

乙（起立鞠躬）：谢谢委员长。

乙回来还同郭谈话约一时，最后结语：我不能够这样做，请枪毙我吧！

这份笔录是用毛笔写在十行纸上的，为了不被人识破便于传出，笔录以甲（蒋介石）乙（叶挺）对话的形式记录两人之间的谈话内容，并以“△△△”代表“新四军”，“△△党”代表“共产党”，回避了这两个在当时犯忌讳的词。文中的三人，就是蒋介石、叶挺和郭忏。

1996年，叶挺将军的长子、解放军总装备部科技委顾问叶正大中将，在延安参加纪念“四八”烈士殉难50周年活动时，杨尚昆同志对他说：“正大同志，我想起一件事，说明你爸爸真不愧是北伐时率部打出‘铁军’威风的硬汉。‘皖南事变’他被关押，连老蒋（指蒋介石）亲自劝降，威逼利诱，都被他巧妙地顶回去了。我那时就在党中央办公厅工作，看见过这个‘笔录’。后来转到哪里去了，我就记不清了！”事后，叶正大设法通过组织多方查寻，终于在中央档

案馆浩繁的文件资料中查出了这份笔录，并将其复印，视为传家宝珍藏起来。

眼见不能征服叶挺，蒋介石撕下了温情的面纱，下令取消对叶挺的“优待”，移禁白公馆看守所。沈醉在回忆材料中写道：

> 我去看过三四次，问他生活上缺少什么，他总是表示不需要什么。
>
> 他对国民党报纸看了很厌恶，看一下就丢在一边，但又无聊，无可消遣，无人谈话，往往又把丢在地上的报纸拾起再看下去。
>
> 看守所长侯子川很凶残，打骂犯人，但对叶不敢随便，有时叶还叫他不要对人太过分，没有必要增加别人痛苦。
>
> 有次戴笠顺便去看叶，先叫我去通知叶，戴进去时，叶还是短裤汗衫，盘腿坐在地板上，挥着一把大葵扇。平时去，他还有说有笑。戴去，他理都不理。侯怕叶不认识，便介绍说：“戴先生来看你。”叶坐着不动，说：“我早知道，你不是派人告诉过我吗？”戴向他招呼，叶把嘴噜一下“请坐”。戴看这样，知道没有什么好谈，只问一下他生活情况，叶表示不需要什么。戴看他冷淡，心里老大不高兴，站了一会走了。

不久，叶挺又被转往蒋家院子秘密囚室。蒋家院子位于白公馆东南角，云遮雾障，隐秘幽深，院旁静立一棵参天银杏。除孀居的蒋老太婆和几个孩子外，别无闲人。为保密起见，对外称“将官休养所”。

叶挺夫人李秀文一直不知丈夫的下落。1942年10月，她终于通过李济深的关系，打听到丈夫被关押在重庆。她拿着李济深的亲笔信找到戴笠，要求探视叶挺。经过半个多月奔波，戴

蒋家院子

笠才派人将李秀文母女接到歌乐山下五灵观招待所，与从山上囚室下来的叶挺相见。当见到长发长须的丈夫时，李秀文已泣不成声，叶挺见到母女二人，也悲喜交加。通过几次探视，李秀文带来了周恩来、叶剑英等同志以及各界进步人士的问候和敬意，这使叶挺非常激动。他知道虽然他在坐牢，但他不是孤立的，全国人民的心都和他在一起，特别是当夫人告诉他党中央一直在设法营救他时，他更是激动得热泪盈眶。回到蒋家院子，他按捺不住激动的心情，要来纸笔，独自关进房间，任思绪信马由缰。他想到了很多很多，北伐战争的硝烟，八一南昌起义、广州起义的鲜血，江南抗日战

李秀文

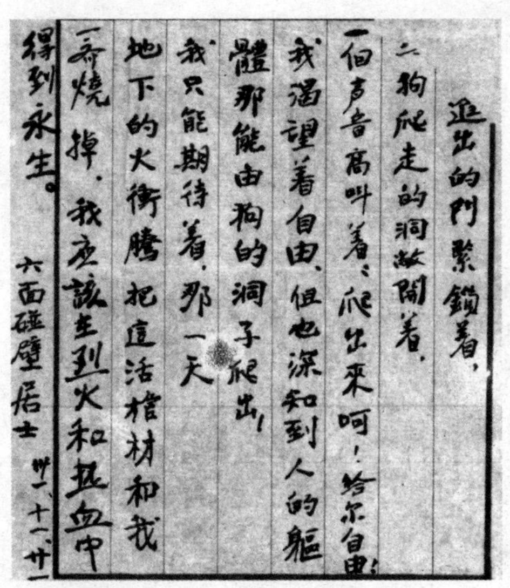
追出的門緊鎖着，
二狗爬走的洞敞開着，
一個声音高叫着：爬出来呵！給尔自由！
我渴望着自由，但也深知到人的軀
體那能由狗的洞子爬出！
我只能期待着，那一天
地下的火衝騰，把這活棺材和我
一齐燒掉，我应該在烈火和熱血中
得到永生。
六面碰壁居士 卅一、十一、廿一

叶挺《囚歌》

场的烽火，上饶的软禁，桂林的幽囚，在延安时毛泽东热情洋溢的欢迎……想到了中国共产党在他身处逆境时，时刻关心着他的安危。是党，给了自己力量和勇气，离开了党，犹如断线的风筝，随风飘舞。党的关怀，使他坚定了把牢底坐穿的决心。他热血沸腾起来，挥笔写下了荡气回肠、正义淋漓的《囚歌》。

叶挺将军决不牺牲尊严、人格而去获得自由，他无惧死亡，他懂得生命的辉煌，他追求永生！

《囚歌》写成后，由李秀文带出及时交给郭沫若，这首被郭誉为“用生命和血写成的真正的诗”，开始在社会上广泛传诵。渣滓洞监狱难友胡作霖将它谱成曲，成为渣滓洞的“洞歌”。由于蒋介石闻报李秀文常与中共代表团成员联系，害怕劫狱，于是又找到陈诚，让他把叶挺带到湖北。叶挺在恩施，先是被关在民享社东门招待所，后又迁往西郊朱家河岸边的一所农舍。由于叶挺坚决要求生活自办，政府发的囚粮往往不够吃，于是，他带领妻小，开荒种地、养鸭养鸡。几十年过去

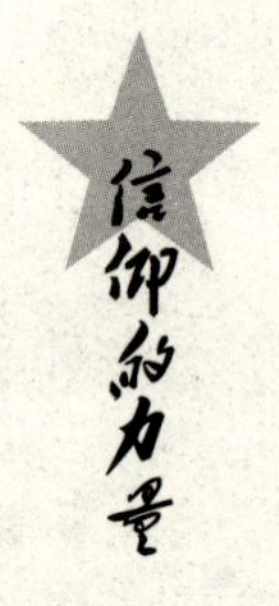

了，当年他开辟的荒地，至今农民还在种植。他遗留的茶树，仍枝繁叶茂，群众尊称为“将军茶”。

★重获自由

1945年8月，抗日战争取得胜利，胜利的欢乐却与叶挺无缘。28日，他们一行在武装特务的押送下，又由恩施启程，押往重庆。9月14日夜宿朝天门旅馆。第二天早晨，三个孩子按照父亲的吩咐，说是出去买油条，溜出旅馆大门，由10岁的扬眉带队，穿街过巷，来到曾家岩50号周公馆。这无疑是说，叶挺已到重庆。然而由于值班员一时疏忽，未能及时电告周恩来。等到周恩来下午归来，带上扬眉驱车找叶挺时，早已人去楼空。一向以稳健著称的周恩来为此气得跺足：“假如你们及时告诉我，我去找到叶挺，我就能把叶挺救出来。”

跟随叶挺的特务，看见三个孩子一大早端着碗出去，像是买早餐，便不在意，然而等到中午，仍不见归来，知道事情不妙，马上强迫叶挺转移。无奈，叶挺只好随特务而去，再度关进蒋家院子秘密囚室。

“皖南事变”后，国共两党谈判时断时续，在每一次谈判中，共产党都提出恢复叶挺自由，而国民党方面总是从中作梗，使叶挺长期遭受不白之冤。1945年8月，毛泽东到重庆谈判，在谈判桌上，周恩来向蒋介石明确表示，将释放叶挺等政治犯作为条件之一。1946年1月8日，政协会议召开，蒋介石虽在开幕词中许下保证人民自由、承认党派合法地位、释放政治犯等四项诺言，但对是否释放叶挺一直不肯表态。3月，我党以释放在邯郸战役中被我军生俘的国民党十一战区司令长官马法五为交换条件，再次要求释放叶挺，国民党被迫同意。

叶挺在蒋家院子囚室，从报上已断断续续了解到党中央

正在大力积极营救，推测自己获释的时间将不会太久。在狱中一面苦度时日，关注着时局变化，一面静候党中央的佳音。这时，发生了一个小小的插曲，从中我们更能看出叶挺将军崇高的人格品质。沈醉在他的回忆材料中详细记录了事情的经过：

> 毛主席提出要放叶，我特地好奇地去看叶，看他出狱后办什么。叶毫不迟疑像作了长时间准备一样，以肯定的口吻答我："我出去第一件事需办的，便是请求恢复我的党籍。"我十分惊异，一直没想到他是一个脱离了共产党的非党员，直到那天我才明白这一情况。他说完昂起头来，凝视窗外，久久不发一语。我怕碰钉子，赶忙辞出，言不由衷地回答几声："那很好，那很好……"我回去向戴笠报告，他听了不作一声，很久才说了一句："共产党人的可怕，就是在这些地方！"

3月4日，叶挺获得自由。这时他已长发披肩，胡子齐胸。当车来接他时，他取下从桂林起就一直带在身边的油灯，并捎带上几只小白兔。出于对房东蒋太太的感谢，叶挺送给她一只手表、两段夏布，但慑于特务的淫威，蒋太太不敢接受，于是改送一双皮拖鞋。行前，叶挺拉着沈醉的手，带着胜利者的微笑，用骄傲愉快的神情，抚着长发和胡须对他说："过去你几次劝我剪掉它，我没有答应，现在我要亲自把它剪下来，把它好好保存起来。"说完，发出爽朗的笑声，随即登车离去，由邵力子亲自陪送到中山三路263号中共代表团驻地。此时早有董必武、陆定一、王若飞、邓颖超、博古等人列队欢迎。时值周恩来在武汉，两天后二人方才相见。

叶挺出狱后，第一件事就是致电中共中央，提出入党申

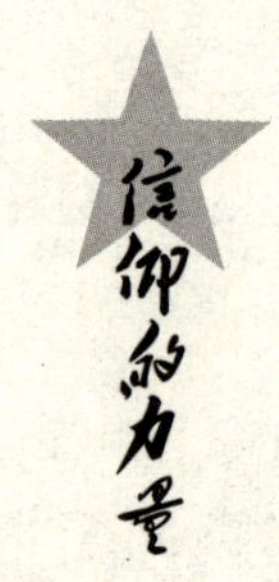

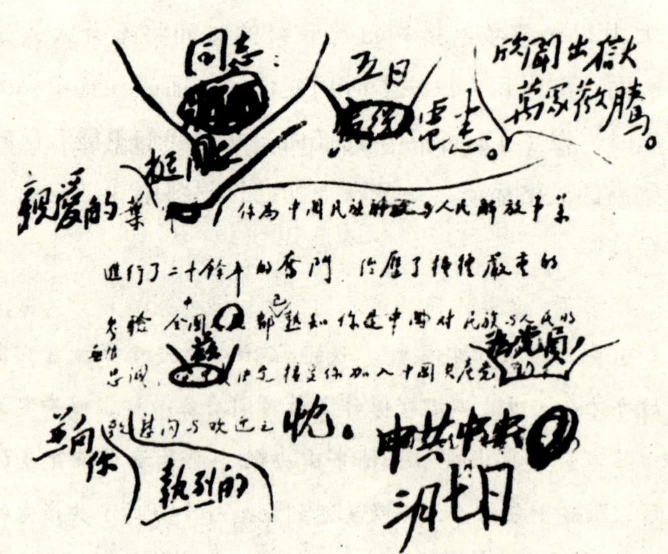
亲爱的叶挺同志：五日电悉。欣闻出狱，万众欢腾。你为中国民族解放与人民解放事业进行了二十余年的奋斗，经历了种种严重的考验，全中国都已熟知你对民族与人民的无限忠诚。兹决定接受你加入中国共产党为党员，并向你致热烈的慰问与欢迎之忱。中共中央 三月七日

经毛泽东亲自修改的中共中央批准叶挺重新加入中国共产党的复电

请。3月7日，党中央复电同意了叶挺的请求，毛泽东亲笔修改的电文写道：

> 亲爱的叶挺同志：五日电悉。欣闻出狱，万众欢腾。你为中国民族解放与人民解放事业进行了二十余年的奋斗，经历了种种严重的考验，全中国都已熟知你对民族与人民的无限忠诚。兹决定接受你加入中国共产党为党员，并向你致热烈的慰问与欢迎之忱。

★将星陨落

1946年4月8日，叶挺携夫人李秀文、女儿扬眉、幼子阿九，与王若飞、博古、邓发等人，乘机由重庆飞往延安，途中不幸飞机失事，机上人员全部遇难于山西兴县黑茶山。

将星陨落，苍天生恨，山河同悲。

中共中央在延安为“四八”烈士举行了隆重的追悼大会，毛泽东亲笔写下了“为人民而死，虽死犹荣”的题词。

在重庆的周恩来闻知叶挺遇难的消息，悲痛欲绝，长歌当哭，他在《新华日报》上撰文，高度评价了叶挺的一生：

> 希夷，你是人民队伍的创造者，北伐抗战，你为新旧四军立下了解放人民的汗马功劳。十年流亡，五年牢监，虽苍白了你的头发，但更坚强了你的意志。一出狱，你就要求重新加入中国共产党，一见面，你就提到皖南死难同志，检讨皖南事变，要我交涉继续放人。我记住，我永远记住。我敢向你保证：我们要为保护人民队伍和释放一切政治犯而奋斗到底！

在烈火中永生是红岩精神最突出的本质，也是红岩英烈的伟大人生实践。人只有献身社会，才能找出那实际上是短暂而有风险的生命意义。

千古奇冤
江南一叶
同室操戈
相煎何急!!
周恩来

为江南死国
难者志哀
中华民国卅年
一月十七日夜
周恩来

《新华日报》

到这里，我为大家选讲的十位红岩革命英烈的故事就告一段落了。

其实，作为信仰与真理、信仰与生命的最生动的革命教科书，可以说，红岩英烈们的故事永远也讲不完。

朋友们，我最后想说的是：作为毕生精力都将付诸研究、整理和传播红岩革命事迹的红岩革命历史博物馆馆长，我真诚地邀请你们来重庆——这座浸润着无数革命烈士鲜血的城市，这座新兴的直辖市走一走，看一看。

重庆人民没有让为今天的幸福而献身的烈士们失望，也不会让你失望！

谢谢！

后　记

2011年2月，我应中央电视台科教频道《百家讲坛》栏目的邀请，主讲系列节目《信仰的力量》，这本书就是在此节目的基础上，进一步完善充实而形成的。

《百家讲坛》对我来说并不陌生，这是中国文化传媒的一个著名品牌，也是人们非常喜爱的一个栏目。当第一次接到孟庆吉编辑的电话时，我在激动中立即表示第二天就可以把讲稿发过去，因为我在重庆电视台录制过《重庆掌故》，红岩联线文化发展管理中心制作过100集《厉华说红岩》，以及20多年来在全国各地演讲《红岩魂》报告近千场，我认为可以有很大的选择余地。没有想到的是，孟庆吉编辑在看完我发去的稿子后，竟然说：稿子内容都不错，但是与《百家讲坛》的要求差距还很大，可能全部要重写！他最后一再强调：在建党90周年时播出，意义重大，无论如何要按要求修改好。我真不敢相信，讲了无数次的讲稿居然不行，而且要重新编写。当时正是中国民主党派历史陈列馆紧张的布展阶段，每天的编辑和制作已经是昼夜加班。为了上《百家讲坛》，为了让红岩英烈事迹更为广泛的传播，我仍然是一如既往，只要有利于红岩英烈事迹的传播，再难再苦也得干！

2011年春节的全部时间，我都用在了重新编辑讲稿上，假期结束后又是一边抓展览的工程，一边抓住分分秒秒修改讲稿，每天晚上都是10点以后回家。协助我打字的龚月华被连续不断的加班搞得很是“无语”。当第一次把修改的稿子发给孟庆吉编辑后，答复是：比以前好多了，但是要紧扣“信仰的力量”这个主题，从人性上提炼，还得继续下工夫。我感到一种从未有过的压力和挑战。做了多年史料编辑、研究宣传，我在《百家讲坛》“苛刻”的要求下发现自己的一些差距。好在我有一种持之以恒、绝不放弃的韧劲和肯下苦工夫的作风，再做，再修改，再完善。此时，离中国民主党派历史陈列馆开馆时间已经不多了，单位的事务又异常繁杂，我强烈地感觉到每天的时间过得非常快！重庆市委统战部的林勇也是天天与我奋战在陈列馆的现场，一天，当他离开工地的时候看见我还要去加班写讲稿，便提出找几个“高手”来帮助我。于是，西南大学的郑劲松、重庆大学的敖依昌、理工大学的杨胜松利用周末休息日一起与我讨论如何修改达到要求，特别是西南大学的郑劲松还亲自对讲稿进行了润色，最终使讲稿得到了《百家讲坛》的认可。3月22日，当我在《百家讲坛》试讲完后，孟庆吉编辑等节目组的同志异口同声地指出：演讲成分太多，语速太快，要慢慢地讲，像讲课一样。相对调整讲稿，要我从演讲到“像讲课一样”的风格转变真还是一件痛苦的事情，因为20多年的演讲已经形成了我自己的风格。好在我的妻子是老师，她从讲课的方法上给了我许多的指导。单位的同事费习安、陈红，讲解员熊嫣然等也不断地帮助调整我的习惯，最后终于在4月的录制中完成了这件工作。

接受央视和各媒体的采访、做专题节目以及演讲《红岩魂》报告无数次，但录制《百家讲坛》的节目让我有了一种新的收获：史料编辑要注重细节，主题提炼要紧扣主题，讲述方式要娓娓道来，激情发挥要收放自如。

20世纪60年代的小说《红岩》为我们塑造了许云峰、江

姐、成岗等一大批革命英雄形象，对许多中国人的世界观、人生观产生了重要的影响。小说《红岩》中的文学艺术形象几乎都可以在渣滓洞、白公馆的监狱斗争中找到真实的生活原型，本书中所涉及的许晓轩烈士是文学形象许云峰、齐晓轩的生活原型之一，韩子栋是文学形象“疯老头”华子良的生活原型，宋振中烈士是文学形象小萝卜头的生活原型，江竹筠烈士是文学形象江姐的生活原型，陈然烈士是文学形象成岗的生活原型，刘国鋕烈士是文学形象刘思扬的生活原型。叶挺、张露萍、王朴都是在白公馆、渣滓洞关押过的，罗广斌是在大屠杀时虎口脱险的。

本书的创作编辑历经半年时间，而决定出版只有不到20天，在这个过程中，感谢中央电视台科教频道副总监冯存礼先生的拍板决策，感谢《百家讲坛》栏目的制片人聂丛丛、副制片人那尔苏以及编导孟庆吉、于洪的耐心指导和精心制作，他们的专业精神和出色工作让节目焕发了异彩，也让红岩精神得以在《百家讲坛》这样一个全国瞩目的传播平台上发扬光大。

我还要特别感谢商务印书馆。商务的领导和编校印发团队反应迅速，使这本书能够在最短的时间面世。通过这次合作，我充分感受到这个百年老店青春常驻的秘诀：质量第一，品牌至上，反应敏捷，机制灵活。再次感谢总经理于殿利、副总编辑周洪波、编辑蔡长虹和更多的幕后的商务人！

同时，对西南大学的郑劲松、重庆红岩联线文化发展管理中心（重庆红岩革命历史博物馆）的陈建新、刘和平、李葭、杨明荣、龚月华给予的大力协助和支持表示衷心的感谢。

厉　华

2011年6月13日